极限团队

Pixar 、Netflix 、Airbnb 等公司何以脱颖而出

〔美〕罗伯特·布鲁斯·肖 著（Robert Bruce Shaw）

张彦 译

新华出版社

图书在版编目（CIP）数据

极限团队 / (美) 罗伯特·布鲁斯·肖 (Robert Bruce Shaw) 著; 张彦译. — 北京: 北京: 新华出版社, 2018.3

书名原文 : EXTREME TEAMS: WHY PIXAR, NETFLIX,AIRBNB, AND OTHER CUTTING-EDGE COMPANIES SUCCEED WHERE MOST FAIL

ISBN 978-7-5166-3855-2

Ⅰ. ①极… Ⅱ. ①罗… ②张… Ⅲ. ①企业管理 – 组织管理学 Ⅳ. ① F272.9

中国版本图书馆 CIP 数据核字 (2018) 第 034563 号

著作权合同登记号：01-2017-7617

极限团队

作　　者：[美] 罗伯特·布鲁斯·肖 / 著．张彦 / 译

选题策划：江文军　　　　　　　　　　责任编辑：江文军
特约编辑：陈向阳　　　　　　　　　　责任印制：廖成华
责任校对：刘保利　　　　　　　　　　封面设计：今亮后声 HOPESOUND
pankouyugu@163.com

出版发行：新华出版社
地　　址：北京市石景山区京原路 8 号　　　邮　　编：100040
网　　址：http://www.xinhuapub.com
经　　销：新华书店，新华出版社天猫旗舰店、京东旗舰店及各大网店
购书热线：010-63077122　　　　　　中国新闻书店购书热线：010-63072012

照　　排：今亮后声 HOPESOUND pankouyugu@163.com
印　　刷：三河市君旺印务有限公司
成品尺寸：210mm*145mm　1/32　　　字　　数：190 千字
印　　张：9.5
版　　次：2018 年 3 月第一版　　　　　印　　次：2018 年 3 月第一次印刷
书　　号：ISBN 978-7-5166-3855-2　　　定　　价：58.00 元

极限团队

——皮克斯、奈飞、爱彼迎等公司何以脱颖而出

革新我们的工作方式

想象一下，22岁的你刚刚迈出校园，开始工作。再假设，作为一个"吃货"，你的这份工作，正是由对美国人的饮食影响最大的全食超市公司（Whole Foods）提供的。有多少大型零售商会拒绝售卖可乐之类他们认为不健康的产品？有多少会为不使用杀虫剂的农产品和有机牛奶等天然食品建立全国性的供应链？又有多少对"洁净食品"的标准比美国政府还要严格得多？除了全食超市公司之外，别无他处。全食超市公司同样广为人知的一点是，它在雇员们的眼中是一个优秀的雇主。[1] 全食竭力地创造友好的工作环境，在该公司，公司业务的成功与团队成员息息相关，这样一来，在业绩良好时，员工们也能够得到好处。[2] 全食推出了许多关怀员工的项目，例如利润分享、团队绩效奖金、福利激励以及年休假。其中的一个项目是，为所有的员工报名参加一个长达一周的医疗指导，包括健康讲座、医疗检查、与

营养专家进行讨论，以及烹饪课程。简而言之，全食公司是目标导向的公司，它十分照顾它的员工。

小型、高度专注、紧密团结的团队是这家如今拥有 450 家门店、8.6 万名员工的全食超市公司的根基。每一个新的雇员都会成为某个门店中的某个团队——如农产品、海鲜、糕点或预制食品——的一员。团队的规模从 10 人到 50 人不等，这取决于工作量和所在门店的规模。每个团队都像独立的分支一样运作，包括销售什么、如何推广等一系列决策也由团队做出。全食超市里出售的大约 10% 的商品由位于得克萨斯州奥斯汀（Austin, Texas）的公司总部员工决定，另外 30% 则由该公司 12 个地区办公室决定；而剩余的部分，决策权在门店里的团队手中。[3] 在这个行业里，门店里所出售的商品都由坐在总部办公室里的少数人"钦点"，这么看来，全食超市的团队所拥有的自主权之大确实是个特例。

全食超市里的团队在人员管理方面同样有巨大的权力。要知道，门店里的雇员对于新员工的录用有很大的话语权。应聘者需要接受一组团队成员的面试，他们会提一些特定的问题考察应聘者的知识面（"本地产的农产品有什么优势？"）、对食物的热爱（"尽可能详细地描述你最近吃过的一顿饭。"）、是否以顾客为中心（"描述一个场景，在这个场景中，你让顾客感到失望，你会怎么弥补这个过错？"），以及其个人认识（"如果你没有得到这份工作，原因会是什么？"）。应聘者唯一要做的就是得到那些人的认可。在与新人共事数月之后，每个团队会投票决定新人是走是留。一个新人是否能够留在团队中，并不取决于团队领导或门店经理，而是由整个团队的成员决定。如果团队成员认定，新人对于这个团队的成功难有助力，那么这个人就出局了。新成员的审核是一件十分严肃的事情，因为在全食超市里，团队的奖金都是基于总销售额以及每工时实现的利润等团队业绩。团队奖金每个月发放一次，在一个成功的团队中，这些奖金每年会为其成员带来数千美元的额外收入。⁴全食超市公司还更进一步，将每个团队的月度业绩公示出来，让每个人都能看得到。举例来说，某个农产品团队可以看到在同一个门店内，相较于肉类团队或海鲜团队，他们在关键业绩指标上的成绩如何。团队领导者们也可以跨区域同其他团队对业绩进行比较。团队的新成员如果滥竽充数会造成两方面的风险。其一，表现不佳的人员会导致每个成员所获得的奖金减少——如果业绩因此受到影响的话。每个人都会很关注这一点。其二，由于每个团队的成绩都会在店内公布，所以这些人可能会对团队的声誉造成影响。在这样一个成绩和团队密切关联的公司里，声誉问题可不是一件小事。

如果要留在全食公司里，新雇员就必须得到所在团队中三分之二的支持票。在绝大多数的情况下，新雇员都会被团队所接纳。但是，也有一些时候，新雇员并没有得到团队的支持。举例来说，有一名新雇员对待顾客过于随意（比如把手插在兜里，或坐在柜台上），且这种情况屡屡发生，因此他没有被团队成员所接纳。同事们曾告诫他要改正他的问题，但是他没有意识到同事的意见有多么重要。全食公司的一位经理这样描述团队中的情况："当经理在场时，有的人会好好干活……但是一旦经理离开，他们就不受控制了……我并不是那个需要取悦的人，重要的是你的同事。而且他们会尽可能地表现得苛刻，因为最终（雇用的决定）会对他们产生影响。"[5]

一个团队投票同意新人入伙，这是为该团队和整个全食超市公司的成功进行的一种情感投资。一般来说，全食公司强调团队成员的快乐，重视友好的工作环境。门店和总部的团队会议经常以"感谢"来结束。团队成员挨个对其他团队成员在合作中所提供的支持表示感谢，或者感谢其他人对团队的贡献。对于新近加入的成员或是外人来说，这看起来十分"新鲜"，但这种行为展现了全食公司重视团队成员之间的积极关系。有人评价这种文化说："我从来也没有想过，我会如此自在地在一家超市里上班。我每天都来这里上班，我很高兴来到这里。当我下班时，甚至于在我因为工作而筋疲力尽时，我都是满怀喜悦的。"[6]

在全食超市，三条指导原则塑造了团队的环境。第一，全食公司相信，人从本性上是社会人，也就是说当处于小团体中时他们会感到最自在。基于这个观点，围绕团队建设公司，也就意味着以人性为基础办公司。公司里的每一个人都至少从属于一个团队。那些在门店里工作的团队是最基础的团队；而这些团队的领导者又组成了一个地区领导团队——以此类推，直至公司高层。但是，全食公司组建团队不仅仅是为了给它的员工提供一种集体感。公司认为，如果设计和组织得当，团队同样可以将人们为企业的成功所作的贡献最大化。全食公司的创始人之一约翰·麦基（John Mackey）打算创建一个能挖掘个体创造力和潜力的公司：

在团队中工作可以催生亲密感和信任感，也会自然而然地为人们所接受。数万年间，人类在族群和部落中发展进化。成为团队——在其中，他们的贡献能够得到团队的重视，团队也鼓励他们创新并为其奉献——的一员，会令人们动力十足。一个精心设计的团队结构能够激发潜在的协同效果，能够达到 1+1>2 的效果。分享和合作的团队文化不仅能够满足人的本性，同样对追求卓越至关重要。[7]

总而言之，在大多数公司着眼于个体的作用时，全食公司已经在考虑团队的效用了。这是一个显著的区别，它也影响了该公司的政策、实践，以及最重要的是，公司员工思考和行为的方式——包括他们与顾客的接触。全食公司的一位管理人员称，公司的成功是基于顾客在全食超市消费时的体验——"顾客看到的是超市的食品和布局，而实际上他们真正体验到的是公司文化。而公司的秘诀正是其文化，这是顾客接受我们的原因。"[8]

第二个管理原则影响了全食团队的运作。全食认为，当团队遵循公司内一些通行的做法时，才能以最佳的状态运转。全食超市中的团队拥有极大的自主权，能够做出有利于顾客、团队成员以及整个公司的决策。但是它们必须遵循一些规定，比如用投票方式确定新成员的去留，或是按照每工时团队所创造的利润等公司指定的标准发放奖金等。当涉及门店内的团队所拥有的权限问题时，全食公司相信限制少些会更好，所以它尽可能少地制定这些硬性的规定。不过，该公司会坚持它认为十分关键的做法，包括持续地对团队的业绩进行跟踪和褒奖。全食在质量和服务方面有一系列标准。[9] 每个月它都会进行一次检查，外部员工将在检查中对门店的表现进行评估，其范围从农产品的陈列到预制食品的质量等。门店的领导团队也会对评估结果进行总结，以此来改进门店的运营。除了这些月度检查之外，全食还会派出公司的高级管理人员进行突击检查。[10] 这些耗时一整天的检查会以质量、服务、风纪等 300 多项标准对每个门店做出评判，结果会被公布出来，所有的门店都能够看到。全食超市的公司文化格外强调门店和团队要对其业绩负全责。全食将这种做法称为"民主的纪律"，它让团队能够在一系列公司通行的做法和标准之下自由运作。

全食的第三条指导原则是坚信开放和透明对公司的好处。它的目标是创建一个"没有秘密"的环境，使所有员工能够知晓其战略和行动。公司希望确保每个人都知道公司的运营状况，特别是每个团队的运营情况。如上所述，门店每个月都会公示其下属团队的业绩。每个门店和公司的财务报告（门店层级的报告包含销售额、成本、工资和利润等数据）也会公示。这样做是为了团队高水平地运营而向员工提供所需要的信息，同时也是为了在员工中培养一种主人翁精神。[11] 全食尽可能透明的态度也体现在薪资信息上。团队成员能够知道其他人，甚至是公司 CEO 的工资信息。公司认为，要创建高度信任的文化，就需要分享那些在绝大多数公司"秘而不宣"的信息，并与员工们一道努力以确保他们明白其中的意义。举例来说，如果有团队成员希望了解同事为何能够取得更好的业绩，或是为何获得晋升，公司会鼓励他与其主管谈话。反馈的情况会帮助他们了解公司是如何决策的，以及要实现他们的职业目标，他们需要做些什么。

　　该公司中团队的惯例和文化是在几十年的反复试验中发展出来的——公司的领导层在这个过程中取其精华去其糟粕。其中的一个例子就是，全食在数十年时间里琢磨出如何选择和培训新人；同时它也试验出一套评估和奖励团队业绩的方法；该公司尝试了不同方式平衡同侪反馈和主管反馈。这些做法并不是公司的领导人在创建公司时所设计的。他们明白，他们想要建立一个新型公司，但是公司的指导原则和具体举措都是在不断发展中的。从全食公司可以学到的一点是，不断尝试团队合作的新方式是十分关键的，它们会基于公司及其团队所获得的经验持续发展。全食的 CEO 自豪地表示："我们在发展的过程中不断查漏补缺。"[12]

　　大多数公司很看重团队和团队合作。因此，在所有公司中，"团队"和"合作"的使用频率在过去的 20 年里增加了 50%。[13] 毫无疑问，如果运转有方，团队能够带来竞争优势。问题是团队的规划和管理是一件十分复杂的事情，需要一定的创造力和责任心，但这往往是很多公司和它们的领导人所缺少的。

　　人们所犯下的最基本，也是最普遍的错误是在不需要团队的时候使用团队。也就是说，某些工作由个人完成比由团队来做更合适。[14] 比如说，一个公司里不同地区的销售业务负责人可以组成一个团队，他们可以设定一系列共同的目标，通过周期性的会面来协调他们的工作。然而，问题是，相比于让各地区的销售负责人在缺少甚至没有合作的情况下自行其是地工作（除了向同一个领导汇报工作），这个团队的价值何在？由于不同地区在经营中没有多少共同之处，也没有需要共同完成的工作，团队的价值微乎其微——如果不是产生副作用的话（因为这可能会浪费团队成员的时间，而原本他们可以用这些时间做一些更有用的事情，比如和客户沟通）。可以这么说，组建团队所带来的好处必须比没有团队时更多。在某些情况下，一些关键的工作如果有个人或者小的群体完成会更有效率。设想一下，某个公司推动发展的战略存在缺陷，领导者需要决定他或她的领导团队在解决这个问题时所要扮演的角色。对战略的完善可以由整个团队来完成，同样也可以由公司或是公司外的咨询团队中的一个小型且更加专业的小组来完成。具体采取何种方式的决策受到很多因素的影响，比如团队成员的战略思维能力、他们超越现有业务看问题的能力。利用团队来解决这个问题是符合逻辑的，但是这并不一定是最优解。有时候，公司的领导人会在团队之外谋定战略，但会与团队成员共同决定如何最好地执行这个战略。

作为一个管理顾问，我的经验是，团队被使用得过于频繁了。在某些案例中，最好不要运用团队。小团体问题的研究者理查德·哈克曼（Richard Hackman）告诫那些对团队钟爱有加的人，他们必然会在协作（决定如何一起工作来实现某个目标）和动机（保证参与到工作中，并对团队做出贡献）等问题上遇到麻烦。[15]

第二个错误在于，公司没能为团队提供其获得成功所需的支持，如团队层面的奖励。就算有时团队的使用被证明是合理的，很多公司错误地认为，把一群聪明的人捏合到一起就能产生积极的结果。一群聪明的人怎么会干不出漂亮的事？不幸的是，很少有人考虑一个团队应该如何构建和管理。对于谁应该成为团队的成员、成功的标准应该怎样界定，像这样的最基本的问题也被忽略了。很多公司通常十分喜欢团队，至少是这个概念，但它们通常不那么关注取得成功所需要的条件。

对一个团队的成功需要什么缺少思考所产生的不良影响不会仅限于团队之内。为了提升团队，组织及其领导者需要精心构建团队运营的环境。有效的团队合作通常是少见的，因为组织所建立的正式或非正式的体系会与团队的需求相悖。举例来说，长久以来，微软（Microsoft）每年都会在业绩曲线上对员工进行排名。在每个团队中，员工会被归入不同业绩等级，而各等级的名额是有限的。其目的是为了鉴别业绩不佳的员工和那些明星员工。这样一来，就算一个团队中每个人都表现优异，但是只有精锐中的精锐才会被列入业绩最优的一等（这些人因此得到加薪，未来也会有更好的机会）。于是，公司里某些颇具天分的员工便不愿意加入那些已经拥有了天赋更高的员工的团队，他们担心与这些人竞争会导致自己的业绩排名下跌。而那些加入了这样的团队的员工深知，他们在一个被人称为"零和博弈"的环境中工作，必须彼此竞争以便在业绩曲线上占据更好的排位。我们很容易发现，这些原本为了激励员工更好表现的业绩排名方式将导致令人意外的结果——破坏团队合作。这种最后在微软难以为继的排名方式说明，即便以正确的意图被执行，有些行为也会使团队合作在公司里变得十分困难。

让我们假设一种场景，领导者在确实需要团队的时候组建了团队进行工作，也费尽心力地使其构建得更加得当。同时，团队运作的环境对其十分有利，或者说至少不会妨碍其运作，团队本身的能力也很不错。这是两个有利的条件。但是也应该认识到，团队本身通常存在着缺点。能够聪明地利用团队的公司并不幼稚，它们知道团队从本质上来讲存在消极的一面。研究表明，有一些人在成为团队一员之后会偷懒，因为他们认为团队里其他员工的工作能够弥补他们的散漫。社会科学家将其称为"吃白食"或"社会性懈怠"问题。[16] 在这些公司中，有一些团队成员所做出的贡献要少于其他人，而团队中的其他人能够弥补他们的短板，他们因此而获利。全食公司设立了明晰的业绩标准和团队层面的奖励来避免这类问题。这些做法与同侪反馈等非正式的手段一道，增加了每个人都能够为团队做出贡献的可能性。全食的新员工很快就会认识到，他们不仅仅是公司的员工，也不只是对经理负责，他们都是在为彼此工作，如若不然，就会造成财务和名誉上的问题。全食超市比其他公司更加明白，团队能够做出什么样的贡献，而团队可能在哪些地方出现问题。

对于团队——至少是表现优异的团队——的最后一个普遍的误解是，在这些团队工作是很舒适的。一些像全食这样的公司认为友好的工作环境能带来好处，因此这些公司的作为对这样一种错误印象起到了强化作用。很多有关团队的文章和书都描写了团队运转中有趣的一面，比如奇特的工作环境（色彩丰富的办公室、团队建设活动）和慷慨的福利（免费的美食、员工健身中心、现场按摩）。但是在描述工作环境十分友好的公司时，经常被忽略的是那里的工作强度。在这些公司里，专注于工作的天才们要求自己和其他人能够做出优异的成绩。精心构建的团队会强化团队成员为群体和其他人做贡献的紧迫感。相比于员工费尽心思讨好主管的普通公司，意识到来自同事的依赖会让你更有压力，更加如坐针毡。

再来说说皮克斯（Pixar）。这个饱受好评的动画工作室以其制作的《玩具总动员》（*Toy Story*）和《海底总动员》（*Finding Nemo*）等大片蜚声影坛。皮克斯是世界上少数能够以其名声吸引成年观众的动画工作室（也就是说，人们会因为皮克斯这块招牌而去看一部皮克斯出品的影片）。那些试图解释皮克斯为何能取得非凡成就的人都会提到该公司知名的领导者——特别是艾德·卡特莫尔（Ed Catmull，皮克斯联合创始人、CEO）、约翰·拉塞特（John Lasseter，联合创始人，现任沃尔特·迪士尼动画工作室和皮克斯动画工作室的首席创意官），以及史蒂夫·乔布斯 [Steve Jobs，他从卢卡斯影业（Lucas Film）买下了皮克斯的前身，并与卡特莫尔和拉塞特一道打造了今天我们熟知的皮克斯]。皮克斯的成功当然离不开这三个人，但是皮克斯的成功故事同样依赖于公司内团队的能力和表现。不为人们所知的是，它们正是皮克斯成功背后的驱动力。这是千真万确的，因为对于复杂的大公司而言，仅依靠领导者是不够的，不管他们多聪明，多有魅力。也就是说，领导者获得成功和巨大影响力的关键能力在于组织和支持公司成长所需的团队。

皮克斯的电影《玩具总动员 2》就是例证。这部与迪士尼合作出品的影片在制作过程中一度没有达到相应的艺术标准。皮克斯的管理层认识到需要对影片进行大修，但是留给他们的时间已经十分紧迫。他们要在九个月的时间里赶在上映日期之前创作一部电影，但是更重要的是，电影在创意上要符合皮克斯的高标准。该影片的很多工作人员一心扑在工作上数月无休。在这段紧张的日子里，一位工作人员有一天开车去上班，而他心里惦记的只有自己的工作。他忘记了要把孩子送到日托中心，更要命的是，他把自己的孩子落在了后座上。直到3个小时后，他的妻子给他打电话，他这才意识到了自己所犯下的错误。他迅速冲到停车场，在汽车的后座上找到了孩子，好在这次错误没有造成更多伤害。皮克斯认为，这次意外和持续增加的由压力而带来的问题，是因为员工们日以继夜地在电脑前工作，公司把这次事件当成一次警报。[17] 这些高度负责的员工尽其所能地想要制作出一部优秀——用他们的话来说，就是要"触动世界"[18]——的电影，而公司的领导者们认为，必须要让这些员工们放松下来。皮克斯面临的问题不是员工没有积极性，而是太有积极性。

在《玩具总动员 2》期间发生的这次"停车场事件"中，常常被人们所无视的是专注于工作的员工所带来的好处。这是十分明显的，但是值得再说一遍——拥有一批执着于共同目标的员工是成就伟大所需要具备的条件。为了追逐共同的目标，皮克斯的员工冒着忽视一切的风险，一心扑在工作上。就像皮克斯所发现的，这可能会成为一个问题。该公司的领导者把这个事故当作一种警告：当员工被逼迫太甚——确切地说是他们被自己逼迫太甚——时，会发生什么可怕的事情。他们感到，必须注意过于紧迫的日程和太过负责任的员工队伍带来的潜在问题。但是，这个故事的潜台词是，拥有一群对自己和团队有着极高要求的员工，公司感到很自豪。

皮克斯认为，要做出优秀的影片所需要的不仅仅是聪明和负责任的员工。皮克斯的 CEO 艾德·卡特莫尔表示，成功的关键在于找到能够默契合作的员工。¹⁹ 对于需要历时 3 到 4 年才能完成，而且其间可能涉及数千个决策的项目来说，这一点格外重要。 皮克斯相信，由于影片的创新性和复杂性，如果团队不能"合而为一"那就难以成功。 或者用更积极的方式表述就是，一部优秀影片的制作依赖于团队中的每个人都能够尽其所能，并创造出远超他们个人能力的东西。 有一种普遍的说法认为，当人们组成一个团队之后，他们会自然而然地结合在一起。 实际上，更有可能出现的情况是，由于这些人的性格，聪明和努力的人很可能难以合作。 富有激情的人往往十分苛刻、顽固和怪异。 皮克斯小心地将有着互补技能和性格的员工——他们能够在紧张而又常常充满分歧的工作环境中工作——放到团队中，这是该公司通过经验所学到的。 在皮克斯，要默契运转起来并不容易，公司要考虑像每个人的背景、价值观和性格等一系列因素，也需要有一些更加现实的考量，例如每个团队成员的工作习惯等。 皮克斯也希望把曾经一起合作过的员工与新来的员工放到一个团队中。 让员工能够默契合作并不是打造一个"克隆人"团队。 实际上，把拥有相似之处的员工纳入团队中，合作会更加容易，但是这样将破坏团队的创造力。因此，真正的目的是使团队里的员工能够在项目中发挥自己独特的天赋和经验，然后一道打造出他们无法独立做出的成果。

这些都很有意义，但是，如果团队不能默契合作会产生什么后果？ 团队的默契毕竟不是一门科学。 皮克斯所坚持践行的理念是，要做出一部优秀的影片就必须有一个好故事，而其他一切都是次要的。它也同样坚持，要有好的故事首先就要有一个合适的团队。 优秀的团队会有好的故事，而不是相反。 皮克斯采取了许多措施保证团队能够齐心协力尽可能地完成好的故事。例如，在影片制作期间，公司会给制作团队提出非常直接，有时甚至是不留情面的反馈。这种反馈部分来自于所谓的"智囊团"，也就是一个由同样指导皮克斯公司电影的资深导演组成的小组，不过这个小组并无权强制对影片做出修改。这样做的目的是，在给影片提出反馈意见的同时，依旧让导演及其团队对影片的质量负责。

皮克斯相信，在影片的制作过程中，一个运转良好的团队——甚至是一个挣扎和"彷徨"中的团队——需要被信任和保护。高层需要做的是密切观察团队的运转，并坚信制作一部优秀影片的关键是团队之间高质量的互动。合作良好的团队常常得到了更多耐心和保护，甚至在它表现出有些迷惘时也是如此。一个团队一旦支离破碎面临失败，那么就需要做出改变。那么，一个团队面临失败的征兆是什么？一位参与过皮克斯多部影片的工作人员表示，对影片导演的信任是其中的关键：

> 一旦信任消退就会给影片带来影响。信任降到低水平的信号有很多：员工们开始不再参加会议，或者更多地参加电话会议；这些人也会问团队领导者，如何展现他们想要的东西，让导演一再解释其想法；你还能看到员工们对其他人态度无礼；他们对影片存在不足感到失望，并且拿别人出气。失去信任还会导致员工不想制作某个镜头，因为他们认为故事不会成功，他们制作的镜头会被剪掉。他们将变得心不在焉。缺少责任心在皮克斯公司这样的具有创造性的文化中会表现得格外突兀，在那里，对故事的感情投入十分重要。[20]

在过去的十年中，有不少导演在影片制作过程中被撤换，其中包括《汽车总动员2》（*Cars 2*）、《美食总动员》（*Ratatouille*）、《怪兽大学》（*Monster University*）、《勇敢传说》（*Brave*）和最近的《恐龙当家》（*The Good Dinosaur*）的导演。皮克斯高层撤换这些导演的大部分原因在于，他们的团队失去了对他们的信任。[21] 当然，皮克斯并不是唯一一个会在电影制作过程中撤换导演的电影制作公司。但值得注意的是，皮克斯自认为是一个与众不同的公司，一个"由电影制作人领导"的公司。该公司以比其他电影公司更加支持和信任自己的员工为骄傲。而且在这个私人关系相当密切的公司里，撤换员工会显得更加扎眼。皮克斯招聘的关键员工——特别是早年间——都是在职员工的朋友。朋友雇用与自己有着同样电影热情的朋友。一位在皮克斯工作的员工曾告诉我一个关于公司的高管约翰·拉塞特的故事。那时，皮克斯正在制作的一部影片在故事大纲上出了一些问题，故事情节不够连贯。这部影片的导演决定驾车从皮克斯公司的所在地旧金山（San Francisco）前往洛杉矶（Los Angeles）同迪士尼的员工开会。拉塞特自告奋勇地与这位导演同行，于是，他们就能在车上就情节进行沟通。日理万机的拉塞特自愿加入这次旅程，以此来支持他的一位员工。这种责任心表明了该公司的员工对于自己所制作的影片有多么在意，也多么愿意为了彼此的成功而付出。约翰·拉塞特表示，他的公司的文化正是以密切的关系为基础：

> 皮克斯的员工是我最好的朋友……我不光每天都想见到他们——事实上，每天我都迫不及待地想见到他们，而且当我和

我的妻子南希（Nancy）在安排度假计划时，最希望同皮克斯
的同事一起度假。我就是想时时刻刻都和他们在一起。[22]

有一些公司并不鼓励员工之间建立密切的关系，它们希望以不那
么个人化、感情化的方式运转。这样的公司在解雇员工时会比皮克
斯更容易，不用过多操心。这与个人无关，仅仅是公事公办。与之
截然相反的另一种情况是，有的公司鼓励员工之间建立密切的工作关
系，但当员工们无法为他们的团队和公司做出所需的贡献时，公司
又不会采取相应行动，或者不会马上采取行动。在这种情况下，个人
之间的信赖被置于生意之上。员工之间的情感会阻碍公司做出推动
业务或项目向前发展的艰难决定。皮克斯比绝大多数公司都有温情
（"皮克斯的同事是我最好的朋友"），同时又比他们更严苛（"当我们
需要制作一部优秀的影片时，我们会炒掉好朋友"），这是十分独特
的。皮克斯的一位员工这样阐述这种矛盾的情况：

> 皮克斯能够为员工提供支持，同时也有一个以感情为基础
> 的文化。但是相比于员工，它总是更看重故事。如果导演无
> 法让故事达到公司的高标准，他／她就会被撤换。他们通常会
> 被撤换到公司的其他项目，或是回到以前的工作中，但是大多
> 数人不会留下了。自己的能力受到质疑并因此遭到撤换之后，
> 人们从感情上很难再回到公司里。导演往往首当其冲，但有时
> 其他级别稍低的人也可能遭殃。[23]

像皮克斯这样的公司比一般的公司要更温情也更严苛。学术

界用共享关系（communal relationship）和交易关系（exchange relationship）之间的差异来看待"温情/严苛"之间的平衡。[24] 共享关系中，支持他人不期望任何回报。在这样的关系中，人们被感情的纽带和相互忠诚联系在一起。家庭就是基于共享关系：在家庭中，人们给予帮助和支持，并不期待会获得直接的回报。交易关系就是别人给你什么，你就给别人什么。这是一种正式的平等交换——我为你付出，你给我回报。很多人认为，商业基于交易关系。比方说，员工用自己的想法和他们的努力为公司服务，反过来，公司也会给员工好处以及机会。共享关系和交易关系被大多数人认为是相互排斥的——也就是说，你可能处于共享关系中，也可能处于交易关系中，但是你不可能同时处于这两种关系中。确实如此，因为每一种关系都有一套规则和预期。从这个角度出发，如果某种生意看上去有一部分像是基于共享关系，但实质上它依旧是一种交易关系（只不过稍稍温情一些罢了）。

交易关系和共享关系之间的严格区分是相对现代的概念。过去，在工业化之前的商业和家庭中，这两者是掺杂在一起的。比如，在伊丽莎白时期的英国，有些家庭不仅仅只有丈夫、妻子和孩子们，同样也有学徒和佣人。对于顶级的匠人（如铁匠）和自耕农（他们在市场上出售庄稼）家庭来说，情况就是如此：所有人都被视为家庭的一员，同家庭的产品和农作物的生产息息相关。一位研究这一时期的历史学家称这些家庭中存在着相互依赖。[25] 直到今天，世界各地还是能够寻觅到家族生意的踪影，家族生意变成了大量的公司。这些公司从"夫妻店"到大型企业不等。它们以独特的方式把共享关系与交易关系结合起来，从而解决它们所面临的具体挑战。

如果说这些处于前沿的公司和团队都是以交易关系为基础运转的，那就忽略了这些公司中密切的共享纽带，特别是他们对相互关系的重视。这些公司里既有共享关系的特质，又有交易关系的特质。它们以独特的方式将这两种关系的优势结合在一起，模糊了共享关系和交易关系之间的差别。处于美国一线企业行列的巴塔哥尼亚（Patagonia）就在公司里为它的员工建立了日托设施。公司希望能够帮助员工照顾他们的小孩，在公司内增进家庭气氛。公司的创始人认为，让员工和他们在公司日托中心的孩子在一起能够催生强大的公司文化。[26] 有时候，共享关系和交易关系的融合是因为公司的领导者认为这样做是正确的——生意不仅仅是一系列的交易关系。不过，大多数公司是出于比较实际的原因在这样做。巴塔哥尼亚公司看到了建立保育中心会给公司带来的好处：一些有才华的员工希望他们的孩子能够在自己工作地的优质保育机构中得到照顾，而这一举措恰恰可以帮助公司吸引并留住这样的员工。因此，巴塔哥尼亚公司花钱建设和运营保育中心并不是为了赚钱，它这样做是因为对于它的员工们，这是一件正确的事情。

不过，平衡共享关系与交易关系是十分复杂的。如果公司把员工当作家人对待，那么当公司公事公办，因而没有把员工当家人时，员工们就可能感觉到背叛，这是这些公司需要承担的风险。研究表明，员工越是期待处于共享关系中，一旦情况不如意，其失望就越甚。[27] 这就意味着，强调团体和相互关系的公司在将其他的考量置于这种关系之上时，就会受到苛责。比方说，皮克斯的员工可能会认为公司营造一种彼此关怀的温暖、家庭般的环境是十分伪善的行为，它这样做只是为了在必要的时候解雇员工。创造一种拘束和职业的环境当然更加容易，在这种氛围中，人们可以很清楚地分辨交易关系和共享关系。但这不是那些处于前沿位置的公司的所作所为。皮克斯提倡员工之间的亲密关系，这是因为电影制作需要参与这项工作的人们之间的情感联系，而不是因为要建立一个集体。这些公司既需要交易关系也需要共享关系，而且它们也愿意在两者之间"挣扎"。它们刻意选择了这种更艰难的方式。

全食和皮克斯是来自两个不同行业的公司，它们有着各自的历史、文化和挑战。但在对团队的看法和使用这方面，两个公司十分相似。具体如下：

比起普通的公司，这两个公司都更看重团队和团队合作，都把团队视为获得成功的关键。它们将公司视为团队所构成的集体（而不是个人构成的集体）。它们之所以看重团队，是因为团队带来了竞争对手无法轻易复制的优势。

这两家公司都在寻找那些有才华同时又能适应公司独特文化的人，以此精心构建它们的团队。它们需要那些对工作有热情——甚至是非常痴迷——同时也在乎同事和公司的员工。

两家公司都明白团队默契的重要性，都全力以赴地在团队中营造一种集体感。它们各自都有正式和非正式的举措来强化团队中或团队间员工之间的关系。

这两个公司都认为建设高效的团队需要严格的举措，其中包括明确的业绩目标和严格的工作方式。人们认为全食和皮克斯的公司文化是"温情的"，但是在需要的环节，它们都有着完善的流程和措施。

在团队无法达到目标时，这两个公司都会对团队做出改变。它们会不断地对团队进行反馈，要求团队的表现能够达到预期。团队的领导者要对团队的构建和发展负责，如果他们做不到就会被炒掉。

下文所要提到的这些优秀的公司都了解团队所蕴含的潜在力量，也愿意试用新的方法。我将这些公司内部的团队称为"极限团队"，因为它们支持大胆的新举措，这些新做法在普通的公司里难觅踪迹。下文中所提到的公司包括全食超市公司、皮克斯、捷步达康（Zappos）、爱彼迎（Airbnb）、巴塔哥尼亚公司、奈飞（Netflix）以及阿里巴巴（Alibaba）。我选择这些公司有几条标准。我找的公司都是经历了显著的成长和财务上的成功。每家公司都展现出了进一步发展和繁荣的能力，甚至是在遭遇逆境的时候。它们都击败了比自己强大得多的对手，从而在各自行业中成为了领头羊。全食超市公司是美国天然食品运动中的领导者。皮克斯创造了一个电影的新门类，而且取代迪士尼公司成为世界上最主要的动画公司[28]。巴塔哥尼亚公司成了最受尊敬的高质量户外服饰供应商，从 L. L. Bean 等传统的旅行用品商那里招徕消费者。捷步达康在网上卖鞋，这曾被认为是不可能的，而且在这个过程中，它打败了规模更大、资金更雄厚的竞争对手。[29] 爱彼迎则开创了一种新的住宿模式，如今它每天能够提供的房间比美国任何一家连锁酒店还要多。奈飞把百视达（Blockbuster）逼入破产的境地，如今又开始在制作和播放电视节目这一领域与媒体巨头 HBO 展开较量。阿里巴巴在中国蓬勃发展的电子商务市场上击败了亿贝公司（eBay，中文名曾被译为"易趣"——译者注），现在已经是全球市值最高的公司之一了。

在我筛选本书中的这七家公司时，另一个因素也十分重要。我找的都是愿意在团队和团队合作方面试验新方法的公司。这些公司一直努力提高它们的运营水平，全然无视同行的惯例。全食愿意在团队成员之间共享薪资信息，而大多数公司则选择了相反的做法，采取密薪制。全食公司对管理上的透明度有着坚定的信念，并挑战传统公司有关薪资信息的看法。这七家公司一直在试验更好的运营方式，而不是简单地复制其他公司的做法。在这方面，它们都是有着相当精力和创造力的有趣的公司，而这些通常是诸多普通公司所不具备的。

拥有"极限团队"的优秀公司 [30]

皮克斯: 它是一家作为迪士尼公司的独立分支运营的电影制作公司。艾德·卡特莫尔是该公司的联合创始人和总裁。座右铭:"让电脑动画故事片用令人难忘的人物和温馨的故事,吸引各个年龄段的观众。"[31]

- **·成立时间:** 1986 年
- **·收　入:** 票房收入 12 亿美元 (2015 年估算数据)[32]
- **·雇员数量:** 1200 人

奈飞: 它是一家在网上为用户提供电影和电视剧的媒体。里德·哈斯廷斯 (Reed Hastings) 是该公司的联合创始人和 CEO。座右铭:"不再无聊,不再孤独。""让人们开心起来。""为我们赢得更多'关键瞬间'(moments of truth,是营销和管理中的一个重要指标——译者注)。"[33]

- **·成立时间:** 1997 年
- **·收　入:** 67.7 亿美元
- **·雇员数量:** 2450 人

爱彼迎: 它是一个以 P2P 模式为顾客提供世界各地的房间、公寓等出租服务的网站。它由布莱恩·切斯基 (Brian Chesky)、乔·杰比亚 (Joe Gebbia)、纳森·布莱查奇克 (Nathan Blecharczyk) 创建。座右铭:"旅行中,像当地人一样生活。"

- **·成立时间:** 2008 年
- **·收　入:** 9 亿美元 (2015 年)
- **·雇员数量:** 2400 人

全食超市公司: 主要在美国经营的天然食品零售商。约翰·麦基是该公司的联合创始人和联合 CEO。座右铭:"全食、全民、全地球。"

- **·成立时间:** 1980 年
- **·收　入:** 150 亿美元 (2015 年)
- **·雇员数量:** 8.6 万人

捷步达康： 它是一家网络服饰售卖公司，是亚马逊公司（Amazon）的下属公司。它专注于卖鞋，同样也售卖各种服饰。谢家华（Tony Hsieh）是该公司的联合创始人和 CEO。座右铭："传递快乐。"

- **成立时间：** 1999 年
- **收　　入：** 2009 年为 12 亿美元（该公司现为亚马逊公司的一部分，年收益不再单独公告）
- **雇员数量：** 1400 人（2015 年）

巴塔哥尼亚公司： 它是一家户外服饰公司，且十分关注环境问题。伊冯·乔伊纳德（Yvon Chouinard）是该公司的创始人，罗斯·马尔卡里奥（Rose Marcario）是该公司的 CEO。座右铭："制造最好的产品，避免无谓的伤害，用商业为环境危机寻求解决方案。" [34]

- **成立时间：** 1973 年
- **收　　入：** 7.5 亿美元（2015 年估算数据）
- **雇员数量：** 2000 人

阿里巴巴： 它是一家电子商务公司，为企业和零售客户提供服务。马云是该公司的创始人，也是该公司董事局主席。张勇是该公司的 CEO。座右铭："全球贸易从这里开始。""让天下没有难做的生意。" [35]

- **成立时间：** 1999 年
- **收　　入：** 156.9 亿美元（2015–2016 财年）
- **雇员数量：** 3.4 万人

　　列夫·托尔斯泰（Leo Tolstoy）曾说过："幸福的家庭都是相似的，不幸的家庭各有各的不幸。" [36] 团队也符合托尔斯泰所观察到的情

况：优秀的团队总是有相似的特点，而运转不畅的团队则各有各的苦衷。[37] 很多人写书对混乱的团队进行了剖析。试着去了解这些团队为什么会误入歧途当然是很有价值的，但是，其前提是我们能够通过研究这些案例学到团队怎样才能更好地运转，避免这些失败的团队所犯下的错误，从而建立富有成效的团队。[38] 不过，这种想法只对了一半。避免犯下那些失败的团队所犯下的错误是必要的，但是这还不够。一个真正表现优异的团队不仅仅要避免普通团队犯下的错误。这好比一个人之所以优秀，不会只是因为避免了变态心理学的教科书中所罗列的那些问题。而我不再讨论团队为何失能的问题，转而采用了一种不同的方法，把主要精力集中在那些极具创造性的团队上。我对那些团队之间的共同点——为它们的成功立下了汗马功劳——十分感兴趣，特别关注了以下几点：

1）一起为工作而痴迷： 在极限团队中，团队成员对他们的工作和公司有着强烈的信念。他们常常就像走火入魔一样，认为自己是独特的，注定会让世界变得更好。这些团队对于自己克服困难的能力有着深深的自信。而与他们不同，普通公司里的员工只是将他们的工作当作一种要完成的任务，尽管也很专业，但是他们对自己的工作和团队存在的意义缺少激情。

2）适合比经验更重要： 极限团队很重视其成员拥有团队实现目标所需要的性格。每个团队都有一系列独特的措施，来保证团队由具有适当的驱动力、价值观和性格的成员组成。它们雇用并提拔适合它们团队文化的人。具备这类特质的人会被邀请加入团队；而不具备这些特质的人则被要求离开。普通公司的做法与之相反，在那里，挑选员工的标准是过往的经验和功能性的技能。

3）花更多的时间做更少的事：极限团队持续地执着于少数对它们的成功至关重要的领域。它们将自己大部分的时间投入到那些优先事项中，并且不遗余力地避免分散注意力（包括一些不必要的流程和行政事务）。但是这些团队同样会想出新的方法，给予其时间、资源和自主权，超越现有的产品和服务，来开创性地探索增长的新机遇。而普通公司的做法依旧截然不同。那里的员工所关注的事情有很多，很容易被不那么重要的需求分散注意力。

4）温情而又严苛：极限团队比普通的团队更严苛也更温情。在这些团队的文化中，严苛地要求员工实现一些重要的目标。这些团队也愿意直面员工的问题，并帮助那些表现不佳的成员。与此同时，在支持营造培育合作、信任和忠诚的环境方面，极限团队要更加温情。普通公司的做法与此不同，它们在这两方面都不尽如人意。

5）习惯于不安：极限团队更加喜欢冲突，甚至鼓励团队成员之间的冲突。它们相信，对恰当的议题进行争论——虽然这令人不安——会带来好的结果。同样重要的是团队处理严峻挑战以及与创新相关的风险的能力。而在普通的团队中，员工往往认为应该避免冲突，或者认为冲突是失败的象征。[39]

普通团队 VS 极限团队	
普通团队	**极限团队**
认为需要专业地完成工作	把工作当成一种使命，甚至痴迷其中
看重团队成员的个人经验和能力	看重团队成员的适合度和协作完成任务的能力
一次追求许多优先事项，越多越好	注重有限的重要目标，少即是多
竭力创造一种高效、一成不变的文化	竭力营造一种既温情又严苛的文化
重视团队成员之间的和谐，避免冲突和不安	看重团队成员之间的冲突，能够认识到这种不安带来的好处

在继续下文之前，我想说：

首先，你可以用我之前所提到的几个标准（选择那些已经相当成功且以富有创意的方式运用团队的公司）来选择不同的公司进行案例研究。大量知名的公司，像亚马逊、苹果（Apple）、谷歌

（Google），或者一些规模稍小的公司，如优步（Uber）和异视异色（Vice）。在这样的公司中，其团队实践都很值得研究。本书中的这些公司意在阐释不同背景下团队合作的新方式，我认为，这些公司中的团队实践在其他成功的团队中同样存在。

其次，虽然我把它们通称为极限团队，但是本书中所提到的公司之间存在明显的差异。我并不是想把这些公司及其团队当作"俄罗斯套娃"，而是希望先观察其共同点，然后探究它们的不同之处，以便更好地理解它们在成功地设计和构建团队时所做出的权衡。例如，奈飞公司不遗余力地提醒员工，他们处于团队中而不是一个家庭中——家庭不会抛弃自己的孩子（当然，有的也会那么做）。奈飞把职业体育团队视为榜样：在职业体育团队遭遇挑战时，如果团队成员不能提供团队所需，他很快就会被取而代之。相反，捷步达康则努力创造一种家庭般的氛围。它用家庭来比喻自己的文化。捷步达康在网页中写道：

> 我们不只是一个团队——我们更是一个家庭。我们互相照顾，互相关心，超越了彼此，因为我们相信彼此，依靠彼此。我们一起工作，也一起消遣。我们之间的关系远超其他公司里的同事关系。[40]

捷步达康希望自己的员工比普通公司的员工建立更密切的关系。[41]捷步达康甚至要求公司经理在工作之外花大量时间与团队成员待在一起——一起参与活动、一起吃饭、一起去酒吧，对于那些认为捷步达康的公司文化是不必要的或让人不爽的人，捷步达康会让他们远离公司。

第三，本书中的这些公司的成功取决于许多因素，而不仅仅是它们怎样利用团队。团队对于它们来说是十分重要的，但是其他因素同样重要。就算是公司的团队能够高效运作，但是，如果公司的战略有瑕疵，那么它的前景也会蒙上阴影。比如说，全食在使用团队方面是全世界最具创造性的公司之一。但是如今它面临着更大的有机食品超市 Sprouts，以及克罗格（Kroger）、沃尔玛（Walmart）等主流超市（这些超市现在也为注重健康的顾客提供价格更低的有机食品）的竞争。亚马逊也通过生鲜配送服务开始售卖食品。全食的商业模式和增长的能力（至少是与过去的增长率相比）受到了主要竞争对手的威胁。面对这些威胁，公司高层需要做出有效的战略选择。全食公司现在开设了以"365"为品牌的低价食品超市。这些超市对全食的成功会造成的影响取决于传统的全食超市和它的副线超市能否共存，是否会互相蚕食对方的销售额。全食公司中的团队带来了一种竞争优势，但是它们并不比公司的转型更重要——这会决定它们的命运。

第四，尽管展现出了具有创造性的团队实践，但是它们中的一些公司可能经不起时间的考验。公司在一段时间内大红大紫，然后就死于竞争挑战或自身缺陷，这就是商业的历史。捷步达康近期引入了一种被称为"合弄制"（holacracy）的大胆的自我管理方式，这可能让公司更进一步，或让它毁于一旦。本书中的七个公司没有一个是完美无缺的，而且每个公司都犯过不小的错误。阿里巴巴没能及时处理在其网站上售卖的假货。爱彼迎在公司建立早期无法有效地应对安全问题。奈飞在将 DVD 业务与流媒体业务分离时也没有达到顾客的期望。不能盲目地认为，这些优秀的公司在今后的发展中就不会再犯更多的错误。

许多外在的因素也会让公司走向失败。比如说，新技术的出现会压垮某些公司。如果增强现实技术（AR）取代电影和电视成为主流的娱乐方式，那么奈飞的商业模式将面临危险。目前，我们不知道技术会如何发展，但是它可能会对奈飞造成巨大的威胁，就像曾经奈飞之于传统传媒公司那样。[42]

最后，对一系列模范公司和团队的剖析所带来的风险是，别人可能会尝试去效仿它们。也就是说，有的人可能会从某个模范公司的案例中总结出显而易见的团队建设技巧，在没有完全理解如何使其有效发挥作用的情况下，就在迥异的环境下加以运用。在一些情况下，部分地吸纳了新方法的公司希望能够得到好的结果，但不是全然知晓应该怎样去做。本书中谈到的特定的团队经验，是与特定的公司——包括其历史、文化及其目标——不可割裂开来的。

举例来说，全食公司是世界上最依赖团队的公司。在全食的鼓舞下，其他公司可能也在试图更多利用它们内部的团队。只有在团队能够产生真正的价值，同时又能得到公司有效支持的情况下，公司才应该利用其团队。而在一些情况下就不应该利用团队。有时候，由个人来承担工作责任或组成临时团队会对公司更为有利。有的公司会根据皮克斯的成功经验复制其"事后回顾"的举措。皮克斯的这些回顾着眼于，在最近制作的影片中，哪些是行之有效的，而哪些是不起作用的，其目的是促进公司和团队的运转。但是，这样做需要具备皮克斯那样的公司文化，也就是说公司员工要在这些讨论中保持坦诚，否则就不能直面真正的问题，完全是白费时间（更坏的情况是，大家已经知道了真正的问题所在，却不去直面这些问题）。

读者在研究本书所提到的这些团队时需要明白特定的举措背后的意图，以及它产生作用的大环境，然后再决定是否在自己的公司或团队中对其加以运用，或如何使其效用最大化。

极限团队之所以具有竞争优势，是因为设计和支持这样的团队是困难的。如果管理这些团队十分容易，它们就很容易被复制，那么它们也不那么有价值了。其中会聚了大量的思考，更重要的是需要进行持续的试验，如此才能使团队走上正轨。我所做的提醒并不会使我们从这些处于前沿的公司中所学到的东西变得意义寥寥。这些公司都还在发展之中，它们都在各自尝试新的方法，以便判断什么是适合它们的。在这方面，它们乐于试验的意愿和对此进行的成功实践，都值得我们去关注。对于正在寻求改进自己的团队的人们来说，这些公司能够把传统观念弃之不顾就是最重要的经验。幸运往往眷顾勇敢者。

小　结

前沿公司以具有创造性的方式利用团队，以此胜过竞争对手。 这些极限团队都采取了五大举措：

　　它们在员工中培养专注、"痴迷"的工作态度

　　在选人时更注重员工是否适应公司文化

　　对少数重要事情集中精力，同时对于新的想法持开放态度

　　营造一种既温情又严苛的公司文化

　　习惯于不安

注　释

◆ 1 · Fortune magazine's annual ratings of best places to work (100 Best Placesto Work). Whole Foods has made the top 100 ranking every year since the rating came out (1998) and is the top job creator among those making theratings over those years.

◆ 2 · Whole Foods does not use the term employees—those who work for the firm are called team members. Outsiders may view this as semantics, but the difference is important to Whole Foods. I do, however, use the term employee in this book for the sake of clarity in some instances.

◆ 3 · Whole Foods has recently increased the degree to which it orders products centrally in order to compete more aggressively on price with a host of emerging competitors. But the firm's basic model of store and team autonomy remains intact.

◆ 4 · See Charles Fishman, "The Anarchist's Cookbook," Fast Company, July 2004.

◆ 5 · See Charles Fishman, "Whole Foods Is All Teams," Fast Company, Issue 2 April/May 1996. A manager at Whole Foods noted, "If there's someone who's not working hard, who's not putting in everything they can, the eam can say, 'You know what? We don't want you to drag us down.'" Abha Bhattarai, "At Whole Foods, a 'Survivor'-Like Ritual," The Washington Post, June 24, 2012.

◆ 6 · Matthew Sturdevant, "Whole Teamwork Is a Natural," Hartford Courant, September 21, 2014. Whole Foods, of course, is not a perfect company, and it attracts critics for a number of reasons, including what some see as its premium pricing. But one thing is certain about Whole Foods—it will never be confused with Safeway.

◆ 7 · John Mackey and Rajendra Sisodia, Conscious Capitalism: Liberating the Heroic Spirit of Business, Harvard Business Review Press, 2014, 91.

◆ 8 · Fishman, "The Anarchist's Cookbook."

◆ 9 · See Fishman, "Whole Foods Is All Teams."

◆ 10 · These Whole Foods inspections are called TCS reviews ("The Customer Snapshot").

◆ 11 · See Fishman, "Whole Foods Is All Teams."

◆ 12 · Nick Paumgarten, "Food Fighter: Does Whole Foods' C.E.O. Know What's Best for You?" New Yorker, January 4, 2010

◆ 13 · Rob Cross, Reb Rebele, and Adam Grant, "Collaborative Overload," January–February 2016.

◆ 14 · See J. R. Hackman, Why Team's Don't Work: Theory and Research on Small Groups, ed. R. Scott Tindal et al. (New York: Plenum Press, 1998). Richard provides a thorough list of what can go wrong with teams.

◆ 15 · See J. R. Hackman, Leading Teams (Harvard Business Review Press, 2002)

◆ 16 · See Steven J. Karau and Kipling D Williams, "Social Loafing: A Meta-Analytic Review and Theoretical Integration," Journal of Personality and Social Psychology 65 (1993): 681–706.

◆ 17 · Pixar now has an ergonomist who comes into the studio on a regular basis to adjust the workstations of animators who spend long hours on the computers.

◆ 18 · Pixar cofounder Ed Catmull interview with Travis Smiley on PBS: "There's a cultural ethic, which is that we're making films that touch the world. That's what we want to do, touch them emotionally. For me, there's something grand about that view of the world." www.pbs.org/wnet/ tavissmiley/interviews/pixar-co-founder-ed-catmull-2/#

◆ 19 · Ed Catmull notes in Creativity Inc. (New York: Random House, 2014), "The takeaway here is worth repeating: Getting the team right is the necessary precursor to getting the ideas right. It is easy to say you want talented people, and you do, but the way those people interact with one another is the real key. Even the smartest people can form an ineffective team if they are mismatched. That means it is better to focus on how a team is performing, not on the talents of the individuals within it. A good team is made up of people who complement each other."

◆ 20 · Interview with Robert Bruce Shaw.

◆ 21 · Pixar's CEO notes, "We will support the leader for as long and as hard as we can, but the thing we cannot overcome is if they have lost the crew.It's when the crew says we are not following that person. We say we are 'director led,' which implies they make all the final decisions. What it means to us is the director has to lead and the way we can tell when they are not leading is if people say 'we are not following.' " Ed Catmull interview, Economist Innovation Summit, March 2010, www.economist. com/events-conferences/americas/innovation-2010?bclid=6 08410748001&bctid=596049420001.

◆ 22 · Anthony Lane, "The Fun Factory: Life at Pixar," New Yorker, May 16, 2011.

◆ 23 · Interview with Robert Bruce Shaw.

◆ 24 · M. S. Clark and J. Mills. "The Difference Between Communal and Exchange Relationships: What it Is and Is Not." Personality and Social Psychology Bulletin 19 (1993): 684 · 91.

◆ 25 · Keith Wrightson, English Society: 1580 · 1680 (New Brunswick: Rutgers University Press, 2003).

◆ 26 · Patagonia's founder, Yvon Chouinard, wrote of his firm's child care center: "A family-friendly business tries to blur that distinction between work and family and work and play. For us, a quality workplace includes one of the best child care centers anywhere. The law requires that there be no more than four infants for every caregiver. At our center we have only three infants per caregiver. The law also states that there be no more than 12 two-year-olds per caregiver. At our center there are no more than five." (Presented at the Conference on Corporate Citizenship, Georgetown University, Washington, D.C., May 16, 1996, clinton6.nara. gov/1996/05/1996-05-16-white-house-conference-on-corporatecitizenship.html.)

◆ 27 · Pankaj Aggarwal, "The Effects of Brand Relationship Norms on Consumer Attitudes and Behavior," Journal of Consumer Research 31 (2004), 87 · 101. Also of interest: Josh Barro, "Sorry, but Your Favorite Company Can't Be Your Friend," New York Times, December 11, 2015.

◆ 28 · Disney acquired Pixar in 2006. However, Pixar's leaders were put in charge of Disney Animation (a reverse takeover of sorts).

◆ 29 · Amazon, one of those early competitors, acquired Zappos in 2009.

◆ 30 · Note: All figures are from public sources for 2015 unless noted. The mottos listed are in some cases my interpretation of public statements made by a firm or its leaders (which I used when a recognized motto was absent from the company's literature).

◆ 31 · See Pixar's LinkedIn page (www.linkedin.com/company/pixar-animationstudios), which reads: "Pixar's objective is to combine proprietary technology and world-class creative talent to develop computeranimated feature films with memorable characters and heartwarming stories that appeal to audiences of all ages."

◆ 32 · This is the worldwide box office as reported from two films—Inside Out and The Good Dinosaur. Note that Pixar does not always release two films each year, and in the past, one film every year or two was the norm. Annual revenue for Pixar is not available; it is included in the Walt Disney Company's total revenue from all of its studios (which was $7.36 billion in 2015).

◆ 33 · Netflix has tried a number of mission statements/mottos, but none have staying power. The first two listed here are from statements by the firm's CEO, and the last is from the Netflix company webpage in regard to its competition (ir.netflix.com/long-term-view.cfm). In a recent interview, the firm's CEO joked that his vision was to make the world less productive

◆ 34 · Patagonia company webpage, www.patagonia.com/us/patagonia.go?assetid=2047.

◆ 35 · See Alibaba Group company webpage:www.alibabagroup.com/en/about/overview

◆ 36 · Leo Tolstoy, Anna Karenina (New York: Penguin Classics, 2004). Peter Thiel, a venture capitalist, appears to suggest the reverse in saying that successful start-up firms are all different in offering something unique while unsuccessful start-ups are all alike in offering similar products and services. His focus, however, is on a firm's competitive offering and not how it operates in regard to its internal practices and culture (which is my focus).

◆ 37 · This is not to suggest that high-performing teams are monolithic—there are real differences but they also share a common set of core attributes (such as embracing a few carefully selected team norms regarding member behavior). See Richard Hackman, "Why Teams Don't Work," Harvard Business Review May (2009). Another well-regarded book on teamsis Douglas Smith and Jon Katzenbach, The Wisdom of Teams: Creating the High-Performance (Boston: Harvard Business Review Press, 2015).

◆ 38 · See Tara C. Reich and M. Sandy Hershcovis, "Interpersonal Relationships at Work," in APA Handbook of Industrial and Organizational Psychology, ed. S. Zedek et al. (Washington, D.C.: American Psychological Association, 2011), 241.

◆ 39 · For an in-depth analysis of why firms and their teams avoid conflict, see Richard Pascal, Surfing the Edge of Chaos: The Laws of Nature and the New Laws of Business. (New York: Crown Business, 2001).

◆ 40 · Zappos Insights website, "Our Unique Culture: Build a Positive Team and Family Spirit," www.zapposinsights.com/about/zappos/our-uniqueculture.

◆ 41 · Zappos notes on its webpage, "We are more than just a team though—we are a family. We watch out for each other, care for each other, and go above and beyond for each other because we believe in each other and we trust each other. We work together, but we also play together. Our bonds go far beyond the typical 'co-worker' relationships found at most other companies."

◆ 42 · Most of these firms also have critics who find fault with their business model or practices. Airbnb, for example, is found wanting by some who believe it operates in a manner that crowds out low-cost housing in urban areas by turning units into a new form of hotels. Alibaba is criticized by some for its acceptance of the Chinese government's restrictions on internet traffic. Whole Foods is chastised by some for working hard to keep unions out of their stores. Each of the firms profiled in this book aspires to a higher purpose but few are free of controversy.

目录

第一章

团队的成绩与关系

只有敢于追求极致的团队才能成功[1]

一章   团队的成绩与关系

奈飞的诞生源于一个很简单的想法——用美国邮政系统寄送 DVD，以此向客户提供电影。[2] 这种做法与当时该行业的领导者百视达公司大不相同，百视达当时拥有 9000 家摆满录影带的实体门店。 奈飞的创始人声称，因为一部录影带晚还了六周，百视达向其索要了高达 40 美元的租金，这带来的失望情绪催生了奈飞。 然而，故事中百视达的所作所为无非就是一种聪明的市场策略。[3] 真实的情况是，当时已经是成功企业家的奈飞创始者们希望在某个行业中再造一个"亚马逊"。[4] 他们认为，当时仍十分罕见的 DVD 机最终会变得便宜，而且会变成人们看电影的优先选择。 为此，奈飞甚至与 DVD 制造商和零售商一道合作，加速这一进程。 这种情况一旦出现，奈飞的模式——在网络上提供了大量电影，订单能够快速得到处理而且收费简单——便将走红。亮红色的奈飞信封很快就出现在美国街头巷尾的邮箱中。2000年时规模是奈飞500倍[5]的百视达公司在应对来自奈飞的威胁时反应迟钝，他们无法相信，他们所拥有的巨大的资产——大量零售连锁店——会成为负担。两个公司之间持续了十来年的斗争最后在百视达公司的破产中达到了高潮，这个灵活的创业公司击败比自己庞大得多且根基更深的公司的故事，成了教科书式的案例。[6]此后，奈飞进一步壮大，现在已经在网络电影和电视节目播放方面成为领头羊，拥有超过8300万订阅用户。[7]现在，该公司已经涉足原创内容领域，推出了如《纸牌屋》（*House of Cards*）和《女子监狱》（*Orange is the New Black*）这样的热门美剧。这个屡屡为了追求增长而甘冒风险的公司很可能成为世界上最有影响力的媒体公司。

奈飞在员工的管理方式上同样大胆。已经有超过800万人从网上下载了奈飞公司的运营原则。[8]《向前一步》（*Lean in*）一书的作者、脸书（Facebook）的高管谢丽尔·桑德伯格（Sheryl Sandberg）认为，阐释奈飞公司文化的PPT可能是硅谷出现过的最重要的文件。[9]在这个PPT中，奈飞讲述了该公司是如何运作的，特别是它自由和负责的文化。奈飞给予其员工大量的自主权，同样也为他们设定了很高的业绩标准。每一年，该公司都会采取措施强化员工在工作上的自由度。比如，奈飞没有对员工的休假时间做出规定，也就是说，该公司的员工可以想休多久就休多久。而这种管理模式的关键在于公司的员工。如果员工缺乏动力和能力来实现公司所要求的成绩，那么自由和负责就没有多少价值。该公司 CEO 里德·哈斯廷斯在一次参加公司的新员工介绍会时发现，有三分之一的新员工被公司追求优异表现的文化——强调员工们应该像一个团队，而不是像家庭那样工作，他们需要不停地为自己在公司中的位置而奋斗，否则就会被炒鱿鱼——所震撼，于是有关奈飞公司文化的 PPT 就出现了。哈斯廷斯认为人事部经理应该对此负责，他们在招聘员工时并没有把公司的文化向新员工交代清楚。于是他决定将奈飞企业文化的相关指导原则书面化，这样会让加入奈飞之后才开始怀疑他们是否做出了正确选择的员工减少。他不想让人们认为，奈飞在引诱误导人才。这种文化并不适合所有人，哈斯廷斯希望新员工能够知道公司的期望是什么。[10] 因此，奈飞潜在的员工都看到了这个有关公司文化的 PPT，而它也在不知不觉中成为公司的一个公开声明。为了那些对他的公司如何运转颇感兴趣的人，哈斯廷斯决定公开这个 PPT。

奈飞用"人才密度"（talent density）一词来形容公司所具备的能力水平。高人才密度是指，公司拥有一支由能够有优异表现的员工所组成的人才队伍。在公司创立早期，奈飞曾因为现金流紧张而裁掉了三分之一的员工，"人才密度"的概念正是来自于这段痛苦的经历。那时，公司留下了多数有才能的员工，裁掉了其他人。在裁员之后，公司领导层一度害怕剩余的 80 名员工可能会因为忙于现有的业务而使公司扩展业务的计划止步不前。但是，令他们大为意外的是，比原先更少的员工完成工作的速度更快，质量也更好。哈斯廷斯评论说："我们试图找出其中的原因，我们现在认识到，那时不再需要和笨蛋打交道……每个人的效率都高了，一切都走上了正轨。"[11] 奈飞从这段艰苦时期观察到的第二点是，在那次裁员之后，留下来的员工都能够出色地完成工作。他们希望公司里都是满腹才华的人。这些员工在那段经历中感受到的快乐甚至多过他们共同努力取得成功之后的快乐。公司于是决定只留下优秀的人才一同发展，不再留下平庸的人。

奈飞认为，大多数公司因与其相反的做法而受到了拖累，且会随着它们的发展显得愈发明显。这种情况出现的原因在于，当公司功成名就时，更容易容忍平庸的员工，公司的财务状况也允许公司留下表现不尽如人意的员工。事实上，大公司确实能够养得起那些远远算不上优秀的员工（相反，规模较小的创业公司没有这样的本钱）。奈飞同样认为，随着公司的发展，公司创建了各种流程来弥补人才密度的下降。例如，绝大多数的大公司会要求制定年度运营计划，并进行定期的评审，以此确保公司中各种组织能够专注于正确的事情（而不是相信他们会自然而然地这样做）。每一个职能部门（如财务和人力等）出于良好的目的而制定了自己的一整套流程，最后却导致了令人窒息的官僚风气。其中的问题就在于，在面对和适应新的业务挑战和竞争威胁上，流程不如富有才华的员工那么有用。流程是基于一套假设，这些假设涉及在特定的环境和特殊的时间节点需要怎么做，而当这些假设因为公司所处的市场环境发生变化而过时的时候，问题就出现了。这并不是说流程是不必要的，而是说，流程不能代替人才的作用。

奈飞努力地避免着重流程甚于人才的陷阱。它给予员工重要的职责，并在工作中赋予他们充分的自由度。它也极力简化或消除对员工的行政性要求。它还力争为公司的员工带来富有才华的同事，公司认为这是给员工最好的福利。如果你是奈飞的雇员，这些都是好消息。不过，坏消息是——至少对某些人来讲——奈飞不仅会炒掉表现不合格的员工，那些表现平平的人也会有同样的遭遇。奈飞认为，最终决定谁会在竞争中获胜的关键因素正是人才。该公司执着地升级自己的人才队伍，因为它相信一个优秀的员工所能贡献的是一个普通员工的十倍。它也相信，这个公司能够为其员工提供的最好的东西就是与其他有才华而且专注的同事一同工作的经历。

奈飞的公司文化中，"人才第一"的理念影响了几乎所有的人事管理措施。比如说，公司最近出台了一个慷慨的休假规定，允许刚刚为人父母的员工在一年内无限制休假。在这项计划中，希望在家和刚出生的宝宝待在一起的员工也能得到工资。他们可以在休假回来之后再完成他们的工作。在公布这项计划时，奈飞称，这一计划出台的目的是为了吸引和留住最有才华的人。它表示：

> 奈飞持续的成功有赖于我们争取并留住在各自领域最有才华的员工。经验表明，当员工不为家庭操心时，他们的表现会更好。这项新的政策，与我们无限制的休假制度相结合，使员工能够在生活遇到变化时获得支持，然后更加专注地重新投入工作。[12]

奈飞清楚地表明了它的期望——它希望每个员工都能够有优异的表现。努力与否无关紧要；意图好坏无关紧要；重要的是成绩。在某种极端的情况下，那些相对来说没那么努力，但是又能够达到出色的业绩的员工能够因为他们所取得的成绩而得到奖励。反之，那些工作十分努力，但是没有取得很好的结果的员工会被要求离开公司。这并不意味着，他们会因为一次过失而被解雇，但是如果再次犯错，他们就会被迫离开。在供不应求的人才市场中争夺人才时，奈飞的做法更加令人感到惊讶。在硅谷，对顶尖工程师的争夺十分激烈，因此硅谷的失业率相当低。由于人才短缺，我们可能会认为奈飞会对表现一般的员工更加通融。但事实并非如此。该公司对优异成绩的强调，从新员工介绍会就开始了。一位该公司的员工在回答有关该公司文化的问题时讲道：

> 我最近为奈飞效力。是的，这里有一种令人恐惧的文化。**但是**你从**第一天**就明白，如果你不好好表现，那么他们会找到你，并以最快的速度抛弃你。所以，你从迈进奈飞的时候就知道你要干什么。[13]

另一位雇员用一种黑色幽默表达了相似的感觉，他将这种感觉比喻为"大楼里有一个狙击手"，那些没能取得优异成绩的奈飞雇员会被这个狙击手定位并狙杀。[14]

哈斯廷斯常常讲的一个故事总结了奈飞对待人才的方式。在哈斯廷斯的职业生涯早期，他是一个科技创业公司的工程师。他通常长时间工作而且忽略了像每天清洗咖啡杯这样的基本事务。他的杯子被堆在桌上，而到了周末，有人会帮他把这些杯子清洗干净然后放回他的办公室。哈斯廷斯一度以为，帮他洗杯子的是清洁工。直到多年后的一天，他在早上 5 点来到办公室时发现，公司的 CEO 在盥洗室帮他洗咖啡杯。这令他感到惊讶，哈斯廷斯向 CEO 确认，一直以来那个帮自己洗杯子的人是不是他。这位 CEO 说，他帮忙洗杯子是因为，哈斯廷斯工作格外刻苦，经常通宵开会，自己做这些力所能及的事情能够帮到他。哈斯廷斯说，这个小小的善举让他想要一直追随这位 CEO。故事的高潮来了，这位 CEO 最后把公司带向了毁灭。哈斯廷斯的前领导与人为善，却没能生产出让顾客买账的产品。哈斯廷斯的经验是：员工的本领很重要，但是关键是对公司如何成功要有正确的判断。哈斯廷斯常常问自己和公司的管理层——特别是在人才问题方面，为了促进增长，实现发展，公司需要做什么？

奈飞的企业文化中第二个鲜明的特点是，它能够跳出现有的业务模式，展望未来。当它还竭尽全力要在 DVD 领域与百视达一决生死时，该公司就计划在流媒体电影播放领域成为执牛耳者。在通往流媒体领域的路途中，DVD 只是其中的一站。而在该公司还是知名影视制作公司的内容分销商时，它已经决定要制作自己的原创电视节目和电影。当它还在美国扩展业务时，奈飞已经计划在全球进行扩张。公司对未来的商业模式的关注也影响到它对员工的管理。管理人员被告知，他们最重要的工作就是要建立能够做出成绩的团队。为此，奈飞的管理人员被要求时不时地"扪心自问"，团队的发展需要什么样的技能。该公司格外努力地保证人员精良，以此应对当下和未来的挑战。中心问题如下：

今后六个月你的团队要实现什么目标？
你希望或想要看到什么样的成绩？
那和你们团队现在所做的有什么区别？
为了达到这些目标需要什么条件？ [15]

在回答了这些问题之后，每个团队领导者必须负责解决团队中的人才缺口。在很多情况下，这意味着为团队引进一些具备必要技能的新员工。这种做法与其他公司恰恰相反，其他公司通常强调要通过反馈、训练和指导来提升现有成员。而奈飞相信，团队领导者往往自欺欺人地认为他们能够帮助那些缺少成功所需的技能和性格的人获得提高。在某些人不再具备成功所需的技能时，奈飞要求管理人员能够及时发现这些人。公司用被称为"留人测试"的方法为员工的去留设置了高标准。至少每隔一年，管理人员就会被要求回答，如果团队中的员工正考虑离开奈飞加盟其他公司，那么他们会竭尽全力留下哪些人？那些经理们不想全力留下的人就会被要求离职。[16]

奈飞所重视的不仅仅是你过去曾为公司做出过什么贡献，还有你能为公司的进一步发展做什么。公司只会向前看，绝不念旧。那些曾推动奈飞 DVD 业务发展的员工也许缺乏促进流媒体业务发展所需要的能力。领导流媒体业务的员工则可能不具备生产原创电视节目和电影的技能。而在美国为奈飞的事业奠定基业的人可能无法推动它在海外扩张的计划。奈飞认为，没有能力推动未来发展的员工不能仅凭过去的成绩在未来占据一席之地。因为过往的业绩而养着那些员工，这样做不利于公司的业绩。这样做同样对公司文化没有好处，因为它表明——特别是对新员工和年轻员工——公司并不是像它所声称的那样以业绩为中心。奈飞的这种管理哲学同很多公司所采取的措施是大相径庭的，在那些公司里，过去所取得的业绩能够保障员工未来在公司里占据一席之地。而在奈飞则大不相同。如果你不能为公司未来的发展做出贡献，那么你可能要和你的工作告别了。

通常，管理人员会找借口逃避这些苦差事——辞退那些不适合公司未来需要的员工。原因有四。第一，评估员工的能力可不是一个轻松的工作。真正表现不好的员工是显而易见的，但是考虑到多种可能影响员工表现的因素（比如工作的难度、资源的多少、公司内其他团体的合作等），表现平平的员工就很难评估。第二，大多数管理者对待团队成员如同家人一般。辞退员工并不容易，而且对于很多领导者而言，这甚至是他们工作中最困难的一部分。第三，多数的管理者希望避免因为员工被解职或降职而陷入法律方面的麻烦中。特别是在没有白纸黑字的确切理由来解雇员工（或证明他们不适合公司未来的需要）时，更是如此。最后，很多经理人认为，在他们的指导下，员工们能够有更好的表现，即便前任已经有了失败的经历。他们认为自己与众不同，有能力使那些表现不佳的人提升业绩。

奈飞试图通过采取不同的方式来克服这些障碍，这种方式可以用一种具有挑衅性的声明所概括——"在奈飞，如果你表现得还不错，就能够得到不少遣散费"。[17]该公司认识到，要创建一个具有高人才密度的组织，就需要以一种高

效的方式使无法达到标准的人离开。其中的挑战在于，要
以一种对员工、经理和公司三方伤害最小的方式，解雇这个
不适合公司需要的员工。为了让被解雇者感到公平，也在
最大程度上减轻管理者解雇员工时的痛苦，奈飞会拿出一笔
慷慨的遣散费（刚入职不久的员工可以得到四个月工资的遣
散费，这笔钱会随着服务年限而增加）。为了避免被解雇的
员工诉诸法律，公司会以尽可能优越的条件与他们分道扬
镳。[18] 一位奈飞前人力部门高管曾在建立这种独特的公司文
化的过程中扮演了重要角色，他描述了该公司是如何同那些
没能达到其标准的员工"分手"的：

> 我们希望他们（员工）能够有尊严……在很多
> 公司，一旦我要求你离职，我要做的就是证明你是
> 不称职的。我要把所有证据丢给你，然后以表现
> 不佳为由解雇你。这需要数月时间。在这里，我
> 会填一张支票。我们用遣散费换取员工离职。员
> 工在离职并找到好工作之前可以好好利用这笔钱。[19]

奈飞以及其他顶尖的公司所追求的目标是在不那么严苛
的情况下，创造一种专注于成绩的公司文化。那么对于一
个公司或团队而言，追求成绩的"度"在哪儿？如何才能不

因"发力过猛"而破坏既定的目标成绩？

创建一种重成绩的公司文化并不是奈飞所独有的。近来，《纽约时报》（New York Times）发表了一篇有关互联网零售巨头亚马逊的文章。[20] 在这篇文章中，《纽约时报》赞扬了亚马逊在接受新观念、投资于长期发展计划方面所取得的成功。在亚马逊公司的历史上，它一直都会为了一些可能需要数年甚至数十年才会产生回报——甚至没有回报——的项目，而牺牲短期利益。在这个过程中，该公司无视了来自华尔街人士的压力，这些人希望亚马逊当下就能产生更多的利润。《纽约时报》的文章同样表扬了亚马逊坦率的公司文化，在这个公司里，问题会得到公开的讨论，员工也得到了充分的机会来影响业务。但是《纽约时报》认为亚马逊并不是十全十美的。

这篇文章主要聚焦的是亚马逊公司文化中的缺陷。[21] 文章称，亚马逊的员工工作辛苦，且工时很长，以至于为此牺牲了自己的健康和家庭生活。在采访了100多位亚马逊的员工和前员工之后，《纽约时报》的作者表示，亚马逊的员工通常在晚上、周末和假期都要回复邮件、完成工作任务。文章进一步表示，一些请了病假或事假的员工，会早早返回工作岗位，因为他们害怕丢掉工作。其结果就是，在亚马逊的工作压力比其他公司要大得多。[22] 亚马逊公司文化中第二个引人注意的地方就是，它大量使用数据来评估员工的表现。比方说，亚马逊对配送人员的监控力度要大于其他大部分公司。它会为员工配置电子追踪器，员工在亚马逊巨大的仓库对订单进行操作时需要遵循指定的路线。这些追踪器还会为每个任务规定时间，同时监测这些目标是否达成。[23]这带来的压力意味着那些无法跟上步调的人"会被要求加快工作速度，直到他们被解雇、辞职，抑或受伤"。[24]

　　亚马逊的高标准严要求给员工们带来了压力。此外，公司还强调要"节俭持家"——公司不仅在向消费者提供廉价产品时遵循这一理念，而且也将其视为驱动创新的一种方式。公司认为，在面对挑战时，不应该仅仅简单地烧钱了事，还应该创造性地思考能够产生良好结果的替代方法。在亚马逊对其领导原则的阐释中，节俭被视为"用更少的资源取得更多的成果。'约束'带来充裕、自足和创新。额外的编制、预算或花销并不是必需的"。[25]这虽然符合逻辑，但并不讨人喜欢，同时也在对待公司职工方面出现了一些值得商榷的决策。比如，几年前，亚马逊在宾夕法尼亚州（Pennsylvania）建立了一个新的配送设施来处理和运送网上订单。这个配送中心并没有安装空调，亚马逊因此省下了大量建设和运营成本。当这一设施完建后不就，热浪席卷这一地区，问题由此产生：配送中心的工作环境变得极

为恶劣 [据报道，配送设施内的气温超过 100 华氏度（约合 37.8 摄氏度——译者注）]。亚马逊的处理方式是在门口派驻了一辆救护车，并配置了医护人员看护中暑的员工。一家收治了部分亚马逊员工的当地医院向监管工作场所安全问题的联邦机构投诉了亚马逊，一些媒体也来报道这个配送设施的环境，并以此作为头条批评亚马逊对待员工的方式。[26] 作为回应，亚马逊为宾夕法尼亚州和全国各地的配送中心安装了空调。

《纽约时报》进一步表示，亚马逊有着高度政治化的文化，员工们为了工作和获得赏识而相互竞争——在亚马逊内部，如果于己有利，员工会对同事进行诋毁。亚马逊员工的行为受到公司政治的影响，但它并不是独一无二的。许多停滞不前、官僚化的公司深受办公室政治的困扰。不过有些人认为，亚马逊创造了一种更为达尔文式的，甚至是奥威尔式的人与人相互对抗的企业文化。在亚马逊，员工们可在一个反馈体系中评价同事的长处和弱点。《纽约时报》的采访指出，亚马逊的某些员工会用这种反馈对被其视为竞争对手的员工进行负面评价。[27] 他们通过这种做法提升了自己在公司中的地位。在《纽约时报》的描述和许多其他的出版物中，亚马逊是一家用尽各种手段"压榨"员工的公司。

超过 5000 名读者在网上评论了《纽约时报》的这篇文章，这创造了该报有史以来的最高纪录。亚马逊成了人们热烈讨论的焦点，这些讨论围绕着该公司所采取的措施，以及将来那里会是或应该是什么样。舆论分裂为两大阵营。

有些人认为，《纽约时报》的文章用完全负面的论调来描绘亚马逊，这是不公平的。他们问道：希望员工拿出优异的表现有什么错吗？用数据来评估员工的表现有什么错吗？在为驱动长期增长投入大量金钱的同时，节俭地花钱有什么错吗？他们表示，从几乎所有方面来看，亚马逊都是商业史上最成功的公司之一。它改变了零售业的面貌，并以大多数公司无法望其项背的增长速度在发展。[28] 现在，亚马逊以低价和最快的配送速度来提供最佳产品选择，这种能力是任何一家公司都无法匹敌的。该公司如今已涉足新的创新领域并取得了令人瞩目的成功，如云服务。亚马逊每年都在成长，现在已经拥有 24 万名员工，规模是苹果公司的两倍，谷歌的四倍。该公司股价的优异表现也说明，至少在投资者眼中，亚马逊能够取得长远的成功。[29] 它现在已经是全世界市值最大的 10 家公司之一，远超其主要的线下竞争对手沃尔玛。

贝索斯（Bezos）认识到他的公司文化并不适合那些更喜欢闲散环境的人，这些人想在一个目标不那么具有挑战性、业绩指标也不那么严格的环境中工作。贝索斯公开表示，有些人可能不想在一个紧张的环境——充满了奋发努力、希望不辜负自己和公司的高期望的员工——中工作。他说："你可以长时间工作，可以努力地工作，也可以聪明地工作，但是在亚马逊你不能将其分割开来。"[30]他表示，他不知道《纽约时报》所写的是哪个公司，反正他不想在那样的公司里工作。他争辩说，亚马逊的公司文化有着数十年历史，它吸引着很多认为这种文化"充满活力和富有意义"（贝索斯语）的人。科技界的其他从业者以及亚马逊的前员工和现员工同样认为《纽约时报》的说法有失偏颇。实际上，很多人认为，"亚马逊模式"不仅不应当受到批评，还应当被视为其他公司的楷模，它展示了一个现代公司是怎样运作的。

而持对立看法的人则同样激烈地认为，亚马逊构建了一种严苛的公司文化，在其中，无论薪水高低，亚马逊的员工都是这台增长机器中的一枚齿轮。在这些批评者的眼中，员工被亚马逊买进公司，努力工作，一旦他们心力交瘁或是无法再贡献公司想要的东西，他们就会被抛弃。在亚马逊工作了十多年的一位前高管回忆起一位同事对她说的话："如果你不够好，贝索斯就会把你生吞活剥，然后弃如敝履。"[31]批评者们责难亚马逊通过一系列意在最大限度地压榨员工的做法（比如在配送中心为员工配发追踪器等），过于极端地追求业绩。他们称，公司用高薪吸引了很多年轻的员工，因为这些员工不懂该公司的文化，或者他们因为经济状况不佳而不得不选择这个他们原本不愿从事的工作。总之，他们将亚马逊视为一个相当成功的 21 世纪血汗工厂。

在引言中，笔者列举了处于前沿位置的团队所采取的五个举措（如一起为工作而痴狂、合适比经验更重要等）。这些举措聚焦于这些团队是如何运作的，也就是他们独特的思考和行为方式。而公司和团队应该追求什么这一问题因为亚马逊和奈飞而受到了疑问。[32] 定义什么是理想的团队成绩，与团队如何取得这些成功并不是一回事。人们所信奉的成功的定义因为亚马逊而遭到了质疑。很少有人会否认，在财务、运营或者用户等大多数指标上，亚马逊都是一个优秀的公司。这一点对大多数人——特别是亚马逊的股东来说——已经足够了。关键的问题是，在成绩之外，一个优秀的公司是否还应该追求一些别的东西？更具体地说，我们应该怎样定义公司和团队的成功？除了成绩，公司和团队还应该追求的是什么？对成绩的追求在什么情况下会过度，并事与愿违？

让我们先从定义成绩开始。"成绩"是指，团队实现那些从其产品和服务中得利的人对它们的期望。[33] 这往往被认为是团队达到其客户和顾客的期望。但是对很多团队来说，"成绩"意味着团队满足自己所效命的公司对他们的期待（特别是要满足公司领导的期望）。这些目标包含财政上的成绩（如月度销售额）和企业增长上的要求（市场占有率）。举例来说，亚马逊启动了云存储这一新业务，将其视为核心零售业务之外新的增长机会。该业务现在已经成为亚马逊增长最快、利润最多的部分，有一天甚至可能会在收入上超过它的零售业务（在利润上云存储业务已经超过了零售业务）。负责这部分业务的团队达到了其顾客的期望，同时也满足了公司和股东们的期望。

不过，仅从财政方面来考察成绩具有局限性。在某些情况下，团队会致力于收入和利润之外的目标，有的目标甚至与之冲突。举例来说，服装公司巴塔哥尼亚在数年之前决定，使用有机棉花来制作它的产品。它这样做的原因是，与传统方式种植的棉花相比，有机棉花的生产对环境的破坏更小。消费者并没有要求公司做出这样的改变，但是巴塔哥尼亚的领导层希望在经营生意的过程中将对地球造成的破坏降低到最小，并将此视为公司的使命。其结果是，巴塔哥尼亚公司中的一个团队承担起公司向有机棉花产品生产商转型的任务，尽管这种做法会导致成本明显上升。这并不简单，因为那时没有多少供应商生产有机棉花。然而公司十分看重对环境的承诺，它开始同棉农合作生产有机棉花。巴塔哥尼亚公司的创始人表示：

> 采用有机棉花的决定是一件大事。我又一次发现，在制衣材料中，棉花对环境的破坏最大，于是我给了公司一年半的时间来摆脱工业化种植的棉花。但是你不能光打电话给供应商说："给我1万码有机衣料。"我们必须革新这个行业。[34]

"成绩"不仅仅是简单的财政目标——先进的团队所取得的成绩会使它们的公司更接近于公司所宣称的存在的意义。巴塔哥尼亚的团队在有机棉花方面所取得的成绩不只是将收入或利润最大化；也不是用环境友好型公司的噱头获得营销上的好处（虽然实际上产生了这样的结果）。在这种情形中，成绩意味着采取符合巴塔哥尼亚公司核心使命的行动。全食超市公司当然也评估财政上的业绩并就此进行奖励。全食也坚称，公司赚取的利润是必要且有益的，它能够使公司在帮助人们过上更美好、更健康的生活时获得更大的影响力。但是，全食公司的领导层认为，过于注重财务业绩会令公司做出糟糕的决定，这在长期内不会产生好的结果。据全食 CEO 的说法，公司的目标是基于正确的理由采取正确的措施，这些措施能够推动公司实现更高的目标。[35]

关于成绩的最后一点是，对成绩的追求也包括，使公司拥有取得成绩的能力。换句话说就是，取得成绩意味着公司和团队需要提升技能，以适应长期的需求——而不仅仅是下个月或下个季度的需求。这首先要求加强团队内个体成员的能力。在一些情况下，团队主要通过富有挑战的任务、训练和指导来提升现有团队成员的能力。而在另一些情况下，这意味着把具备公司所需技能的新人招进团队中，在奈飞就是如此。公司的能力建设也包括提升公司支持团队的能力。公司会制定团队取得成功所需要的正式或非正式的流程。以皮克斯为例，它出台了很多对团队十分友好的措施，比如在项目进行过程中向影片制作人员提供详尽的反馈。取得成绩不仅仅表明达到了短期的预期，同时也要求持续地提升团队中所有成员的能力、团队集体运转的方式，同时改善其运作的环境。

对很多强硬的商业人士来说，团队的存在仅仅是为了取得成绩。一个团队取得既定结果的能力，会受到很多因素的促进或阻碍。特别是团队成员之间的关系，当团队默契合作时，它能够帮助团队取得成绩；而当情况截然相反时，团队中的派系会破坏它高水平运转的能力，成员间的关系就会阻碍团队取得成绩。苹果公司的首席设计师乔尼·艾维斯（Jony Ives）曾用乔布斯的故事来说明这个道理。[36] 乔布斯认为，他取得成功的关键在于为他的团队配备极具才华的员工。作为领导者，他自己的作用就是鞭策他们取得超乎其想象的成就。有一次，乔布斯对艾维斯及其团队所做的产品表达了不满。他严苛地指出了产品的瑕疵。在团队评审后，艾维斯找到乔布斯，希望他在给团队反馈时不要那么咄咄逼人。乔布斯问他，鉴于产品存在严重的问题，他为什么要委婉一些，而不是直抒胸臆？艾维斯表示，这是因为他不希望摧毁团队的士气。他这样描述他和乔布斯之间随后的交流：

> 我记得我问他为什么会认为这是个问题，他也许有些太过苛刻了。我们在其中投入了大量心血。我说，我们能不能说得委婉一些？但他说："为什么要这样？"我回答："因为我关心我的团队。"随后他说出了一段残酷而富有洞见的话，他说："不，乔尼，你这样是徒劳的……你只是希望人们喜欢你。我觉得惊讶，因为我以为你最在乎的一直是工作，而不是人们对你的看法。"我感到相当不高兴，因为我知道他说的是对的。[37]

艾维斯讲这个故事是为了表达对乔布斯专注于生产伟大的产品的尊重，特别是乔布斯会给出清晰、毫不含糊和无情的意见。但是，艾维斯同时也表示，他在苹果公司所取得的最大成就不是创造出了 iPhone 或是任何一款苹果的产品，而是他精心构建的团队及其工作流程。他表示，在他的任期内，没有人主动要求离开他的团队。艾维斯的意思是，在团队应该怎样运作这个方面，乔布斯既是对的又不那么正确。乔布斯觉得，领导者只需要对产品或服务的质量负责，无须顾忌团队成员的感受（特别是团队成员对团队领导者的看法）。然而，艾维斯认为，团队成员之间的关系是取得伟大成绩的关键要素，因此需要精心呵护。

社会学家罗伯特·帕特南（Robert Putnam）是《独自打保龄球》（*Bowling Alone*）一书的作者。在这本书中，他阐释了人与人之间的纽带关系在一个社会中所起到的核心作用，以及这种纽带变得日益少见的原因。[38] 他用"社会资本"（social capital）这一概念来解释这些关系是如何在不同的环境——如非营利性机构、社会团体和私营组织——中发挥作用的。简单来说，社会资本是将人与人联系在一起的"胶水"，同时通过将人与人相联系而使组织、团体和社会更加有效率地运转。社会资本能够鼓励人们无私地帮助他人。帕特南所强调的一个例子是人们愿意在社区食品银行

（community food banks）上投入时间和金钱。没有人强迫人们去为社区组织提供帮助，但是很多人自愿这样做。在私营部门中，帕特南提到了另一种社会资本，它存在于硅谷许多公司和高管之间的网络中。在某些情况下，这些非正式的网络会促成人员之间或公司之间的自发合作，从而推动新技术的发展。帕特南这本著作的核心论点是，人与人之间的联系对于一个社会的健康和不同机构的成功至关重要。

社会资本是可以积累并在需要时使用的一种资产。举例来说，一个团队中所产生的社会资本能够帮助其承受工作中的挫折，因为团队成员之间的关系使他们为彼此和团队的成功而努力。相反，一个团队如果缺少社会资本，那么在面对逆境时更可能失败，因为团队成员之间没有深厚的关系，甚至存在负面的关系，这使他们共同找到有效解决办法的能力大打折扣。当然，社会资本不能保证团队获得成功，因为有许多因素会影响团队的表现。但是社会资本能够提升一个团队或公司成功的可能性。[39]

关于社会资本所起到的作用，最生动的一个例证存在于战场上的士兵们之间。引发国家之间战争的原因有很多，但是士兵们首先是为了彼此而战。也就是说，他们是为了那些与其朝夕相处的战友的生存而战，而不是为了像民主、自由，甚至是对抗共同的敌人这样抽象的原因。士兵们之间的关系越是紧密，他们越是愿意为彼此赴汤蹈火。[40]
对美国内战时期士兵行为的一项分析验证了这种设想。朵
拉·科斯塔（Dora Costa）和马修·卡恩（Matthew Kahn）
等研究人员试图研究为什么更多的战士并没有被遗弃在前
线。他们研究了有关各个部队人员构成以及其遗弃率等数
据。研究者们发现，有很多原因影响了士兵的战斗意愿，
但是其中最重要的是让士兵密切联系在一起的连队。它是
决定士兵的忠诚度和战斗意愿最显著的一个因素。研究者
们写道："在对所有的解释进行验证后，我们发现，对同志
的忠诚比目标、士气和领导等因素更重要。"[41]他们的发现表
明，在理解士兵在高度紧张的环境下的想法和行为时，社会
资本是极为重要的。

在解释团队如何在现代公司中运转时，对战斗前线，特
别是对一场150多年前发生的战争的研究似乎偏题了。但
是让我们看看盖洛普（Gallup）在其对有效率的组织所进
行的研究中得到的结论。盖洛普的研究显示，员工对工
作的投入程度——他们参与工作的程度和对团队的负责程
度——与他是否认为在工作中拥有好友高度关联。[42]那些表
示在工作中结识了好友的员工往往对工作和公司态度更加积
极。盖洛普的调查发现，表示在工作中有好友的员工：

在过去七天中因其工作得到表扬和认可的比例
超出平均水平 43%；

认为公司的工作让自己觉得他们很重要的比例
超出平均水平 27%；

认为自己的意见在工作中很重要的比例超出平
均水平 27%；

称自己有机会每天从事自己最擅长的工作的比
例超出平均水平 21%。

从表面上看，这些结果都显得十分荒唐，特别是在研究
使公司或团队能够表现良好的因素时。我曾与收到盖洛普
调查报告的高管共事，他们会问："有没有好友怎么会影响
到我的员工如何看待公司的工作？如何会影响到他们的看法
是否重要？我们是在经营一个公司还是在组织一个高中联谊
会？"但是，如果我们将是否在工作中拥有好友作为团队内
社会资本强弱的一个指标，那么这些发现就说得通了。对
于团队或组织中的员工普遍的行为和看法，高水平的社会
资本有着积极的影响。在具有高水平的社会资本的环境中，
将员工连接在一起的，不仅仅是他们对公司和高层的看法，
还有他们在工作中建立的关系。[43]

在《独自打保龄球》一书中，帕特南称，社会资本分

为两类。一类是粘合性社会资本，连接同一个团队的成员；全食公司门店内的团队和皮克斯公司的影片制作团队就属于这种情况。第二类是连接性社会资本，与前者相反，它连接的是不同团队的员工，员工超越团队的界限同其他团队的人合作。举例来说，一个产品开发团队的员工需要与公司制造团队的员工紧密合作，这样才能生产出成功的产品。更加具体的例子是皮克斯，该公司认为内部的不同团队之间的合作是一部影片获得成功的关键。皮克斯允许员工在没有正式行政许可的情况下与公司里任何人交流（这与其他公司不同）。一位皮克斯的员工告诉我，当你在皮克斯总部的办公大楼里走过时，你会与其他人进行交流——说一声"你好"，短暂地进行交谈，或者至少点头示意。他说："与他人打招呼很重要，帮助建立社群也很重要，这是我们表示重视的方式。这也同样可以表明自己不是那种怯懦的人，会与别人打交道。皮克斯认为，更多地与别人交流和沟通对于其成功十分重要。"

帕特南称，一个社会或团体需要有充足的社会资本，粘合性社会资本和连接性社会资本都是不可少的。我要加入第三种类型的社会资本，也就是"信任性社会资本"。它连接着员工和他们的雇主。其基础是员工相信他们的雇主在做正确的事情，值得他们为它尽心尽力。这是超越团队内

部和团队之间的一种连接关系。这是员工对公司和领导层
的情感。社会资本因此就包含了三种类型的关系：

与团队成员之间的粘合关系： 要维护关系就会
涉及许多与人有关的各种团队生活，其中最重要
的就是团队成员之间的关系。这也包括团队成员
合作产生 1+1>2 的效果的能力。这不仅仅是员工
之间相互合意，而是有着共同目标的员工之间的
默契。[44]

与其他团队建立合作的连接关系： 团队成员与
其他团队的成员富有成效的合作也需要建立关系。
这种关系不仅仅意味着要知晓其他团队中的成员，
而是需要在双方的关系中更有自觉、更加投入。
研究团队问题的文献大多关注同一团队的成员之间
的关系，但是与其他团队的成员所建立的关系同样
对成功十分重要。

对公司和高层的信任关系： 这是员工与雇主之
间的一种关系，员工相信，他们的公司和领导与他
们有着相同的价值观和信仰。这会成为对公司的
情感投资，也会成为公司存在的理由。

社会资本的类型

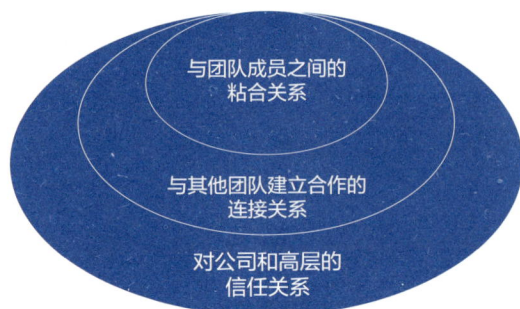

为了说明社会资本所起的作用，我们可以假设一种场景，一个团队开发了一种新产品，比如说智能手机。新的产品受到了广泛的赞誉，也达到了销售目标。然而团队中出现了小集团，造成团队成员之间互不信任。这让一些团队成员在开发出这款新产品之后无法继续共事。与此同时，该团队"独来独往"，疏远公司里的其他团队——他们将其他团队视为争抢资源和高层支持的对手。该团队拒绝同其他团队分享信息和资源，以此使自身的成功最大化。这个产品开发团队还认为公司的领导者是无法理解他们的产品且无法为其提供所需支持的人。团队的成员认为尽管公司及其领导者给他们设置了障碍，但是他们仍然取得了成功。因此，这个团队在产品发布之后就解散了，有的员工甚至离开了公司。在该案例中，这个团队在某些方面取得了成绩，但是没能产生团队赖以将其成功持续下去的社会资本。

相比于取得成绩，社会资本总被认为是不那么重要的（至少在商业背景下是这样）。这是由几个原因所导致的。首先，对于公司来说，生存是首要目标，它们依靠团队来实现这个目标。比如说，摩托罗拉公司（Motorola）所销售的"刀锋"（RAZR）系列手机非常受欢迎，但是它依然需要生产新一代的智能手机才能与对手所生产的产品竞争。然而新一代的摩托罗拉手机姗姗来迟，而且并不具备取得成功所需要的特质。[45] 这一结果要归咎于该款手机的设计团队，同时也要归咎于整个摩托罗拉公司，没能为团队提供指导和它所需的支持。摩托罗拉公司再也没有缓过劲来，最终被谷歌公司收购。第二，成绩可以用清晰的标准来界定（比如销售额和利润），便于监管。与之相反，社会资本十分模糊，无法度量。第三，在大多数机构中，成绩同奖金挂钩，但是团队内的关系只可能得到认可，却无法得到奖励。举例来说，公司会以金钱或其他形式奖励做出了一款成功产品的团队。但是，没能建立起社会资本的团队却不必承担任何责任，特别是当它们有成功的产品时。第四，对团队中的关系进行管理的努力会使团队及其领导所面临的挑战进一步复杂化。情况确实如此，因为团队成员有不同的动机、工作作风以及处理压力和冲突的方式。关系不仅难以度量，同时也难以管理。就算领导者认为关系十分重要，要建立富有成效的关系也极具挑战。比如说，当一位领导者收到盖洛普的调查结果，称他／她的团队中的员工不信任彼此，这时他／她应该怎么做？很多不知道应该怎么办的领导者只会求助于团建活动这样的表面文章。第五，很多领导者相信，同事之间的密切关系会妨碍他们在必要时对员工或项目做出严厉的决定。从这个角度来看，员工之间的紧密关系有一个缺陷，它会阻碍领导或其他人在必要时直截了当地指出问题（特别是当某个成员表现不佳时）。在这些情形中，人们会倾向于认为和谐的关系比取得成绩更加重要。我认识一位团队的领导者，他一直很善于管理员工，但是与员工共事了一段时间之后，他在看待员工的时候不再那么客观，特别是在评价他们的表现时更是如此，他不太愿意在员工表现不佳时解雇他们。

关系是十分重要的，因为在最好的情况下，它能够帮助你取得成绩。这是皮克斯得出的经验——在那里，团队员工与同事合作的能力对公司的成功至关重要。团队或公司里的积极关系会成为一种吸引和留住优秀人才的资本（因为大多数人希望在一种具有挑战性但又能得到支持的企业文化中工作）。关于组织和团队对良好的关系的需求，还有一个基本的观点。工业历史告诉我们，一度作为企业自发行为的举措（例如每周 40 小时工作制、安全的工作环境和最低工资等）现在已经成为强制规定。这些改变的出现，并不是因为它们能够提高成绩。事实上，其中的大部分举措，如果不是全部的话，都受到了商业界很大一部分人的抵制，因为成本会因此增加。很多公司遵从这些规定是因为立法等原因而被迫这样做，或者是因为它们希望能够与社会范式保持一致。在不同群体中，人们与他人相联系是一种基本的人性需求。人们希望成为集体的一份子，希望能与别人建立联系。与此截然相反的是社会隔离（social isolation），这会给人造成严重的伤害。[46] 现如今，对很多人来说，工作的场所是除了家庭之外最重要的地方，甚至对某些人来说，工作场所比家还要紧。在一天中清醒的时候，有很多人在办公室的时间比在家还长。为员工提供一个符合他们社交需求的工作环境，虽然不是强制性的，但也是受欢迎的。亚马逊追求成绩的公司文化所引发的争议，也正是因为某些人所认为的该公司严苛而不友好的工作环境。为员工提供一种融入集体的感觉现在还没有被当作一个目标，但也许在将来，这也会成为企业的一种责任。更多像全食公司和捷步达康那样的公司会相信公司有责任为员工提供一个能够提高他们的生活质量，特别是能够为他们提供一种集体感的工作环境，这样的想法难道不是合理的吗？当然，这并不意味着要求以成绩为代价来追求关系。而是说，工作中的关系不仅仅是达到目的的手段，它会有更多作用。

许多对社会认知问题的研究为团队中的成绩／关系互动模型提供了支持。在一组研究中，研究者们发现，人们主要通过两个角度来评价他人：才能和友善。一个人如果拥有取得预期成绩的能力和动力，那么他就会被认为是有才能的。如果一个人能够为他人提供支持和帮助，那么他就会被认为是友好的。这两个因素几乎能够"完整地解释人们是如何看待他人"。[47] 希望得到他人肯定的人必须同时有能力且友好（至少看起来应该是这样的）。而且，研究者们还发现，在评价他人时，友好是首要的标准——因为人们通常首先会对别人的意图（友善）进行评估，然后才会看他是否具备实现这些意图的能力（才能）。虽然研究者们并没有更进一步，但我们可以就此推断，团队中的成员也是这样来评价团队的。首先，团队成员会评估，他们的团队是不是拥有友善的工作氛围——团队内有着积极的关系，其他同事总能提供支持和帮助？其次，团队是否具备取得预期成绩和获得成功的能力？

特蕾莎·阿马比尔（Teresa Amabile）和她的同事所做的一个研究探究了让公司能有优异表现的因素，特别是帮助他人的行为在其中所起的作用。[48] 在 IDEO 设计咨询公司，研究者们请员工们罗列出在工作中帮助他们的同事，然后按照才能（优秀地完成某项工作的能力）、可靠程度（会让人乐于与之分享所思所感）以及亲和力（随时为需要帮助的人提供帮助）对他们进行评价。研究人员还让员工们评价随意挑选出来的、未帮助过他们的同事。调查发现，总体来说，在帮助过他们的同事中，评分最高的人同样在"可靠程度"和"亲和力"这两项评估中得到了高分。才能当然也很重要（向被调查者提供过帮助的人在这项评分中的得分要高于没有提供过帮助的人）。但是，在员工评价哪位同事最有帮助时，才能并不是主要的判断因素。那些被视为能够给予支持（也就是可靠而有亲和力）的人，被认为是在同事们面临挑战时最有帮助的人。

成绩 + 关系 = 团队成功	
成绩	**关系**
近期的成绩： 团队达到顾客或客户的期望	**粘合性：** 团队在成员之间建立的必要的聚合力
未来的成绩： 团队获得能够在未来取得成绩的能力	**连接性：** 团队与公司内其他团队进行合作
	信任性： 团队对所在公司的认同

　　成绩和关系是公司和它们的团队需要取得的成果。[49]但是并不是越多越好，这两者都存在着潜在的缺陷。比如说，仅仅强调成绩就会对团队及其表现造成破坏。这是因为：首先，一种执着于成绩的文化会让团队中的员工筋疲力尽。上文提到过的皮克斯公司在制作《玩具总动员》时所发生的事情，就是过度追求成绩而使团队和员工深受其害的例证。这种过分的动力可能来自公司的高层领导，可能来自团队的领导者，也可能来自团队成员自身；在很多情况下，是三者的结合。真正的挑战是，在争取成绩的同时不会造成一种过于严苛的公司文化——在这样一种文化中，员工们会处于恶性竞争中，或是长期生活在对丢掉饭碗的恐惧

中。托尼·法德尔（Tony Fadell）在开办爱巢实验室公司（Nest Labs，该公司生产智能调温器、烟雾探测器和安防系统）之前，曾经是苹果公司非常成功的一位高管。他以对自己和员工的严厉要求而闻名——在苹果公司和爱巢实验室公司初期，他都取得了非凡成绩。[50] 然后事情出现了变化。爱巢实验室公司对它在 2014 年收购的摄像机和云计算公司 Dropcam 的整合宣告失败，这成为法德尔的公司出现问题的标志性事件。在并购之后不久，进入爱巢实验室公司的 100 名原 Dropcam 公司员工中有一半辞职了。Dropcam 的创始人说，爱巢实验室公司、特别是法德尔毁掉了该公司生产好产品的能力。他批评说，法德尔的管理方式极具压迫性和控制欲——到了让整个负责开发新产品的团队避之不及的程度。[51] 但是，法德尔对此并无悔意。他自豪地宣称，他的领导风格"能够使员工达到他们始料未及的更高水准，鞭策他们取得他们难以想象的成就"。[52]

对成绩的过度强调也会迫使员工突破道德和法律的界限。有些人会为了取得更好的结果而走捷径，甚至采取违法行为。他们做这种事是出于一些自私自利的目的（实现目标之后，他们就可以在金钱和职业地位上获得好处），也是因为来自公司高层的压力（他们害怕，如果表现不好就会被炒鱿鱼）。最近，大众公司（Volkswagen）的丑闻就是一个明证。大众的工程团队为了达到公司激进的销售目标而对尾气排放测试进行了操纵。他们在大众的柴油轿车中安装了作弊软件，伪造了排放数据。这使大众得以在达到监管要求的情况下销售这些消费者中意的汽车。该公司的欺诈行为数年来都没有被发现。这种行为最后招致历史上最大的集体诉讼（仅在美国，和解金就达到了147亿美元）。同很多其他企业失败的原因相似，罪魁祸首似乎也是公司的文化。大众是一个强硬——有人认为是傲慢——的公司，该公司的高层直接下达命令，其中层领导人认为他们没有其他选择只能想方设法满足这些要求。负责柴油汽车的工程师实在无法满足高层领导的要求，因此他们想出了一种不道德的变通方式。承认参与这次丑闻的工程师和包括公司CEO在内的一些高管遭到大众解雇。但是问题是，该公司的文化是否会因为这次丑闻所导致的严重后果而从根本上发生改变？[53]

对成绩过度追求的另一个例子是瓦伦特制药公司（Valeant）。该公司由于经销商和财务报表所出现的问题而陷入了混乱。该公司的股价因此暴跌，包括美国参议院在内的监管机构已经开始对它进行调查。该公司已经任命了新的 CEO 并对其过往的商业行为进行审视。一则通报公司的这些变化的新闻稿称："导致公司不当的财务行为的主要原因可能是公司高层的看法和重视业绩的公司氛围——公司设置了极其严苛的目标，而达到这些目标是重要的业绩指标。"[54] 大众和瓦伦特制药公司并非特立独行。在任何一个月，人们都可以在华尔街找到某个公司或者某个公司中的一个团队用违反职业道德的方式提升财务数据。中国电商企业阿里巴巴集团的创始人马云将这种行为称之为"野狗"文化——人们用不诚实的手段为公司取得优势。在一次采访中，马云表示，那些公司有着内在的弱点，"是的，他们确实赚到了更多钱，但是这些钱来自不诚实的交易，从长远来看可能会让公司付出代价。当这批人成为公司的领导层，那么这个公司就会衰落，因为他们习惯了不诚实和占便宜"。[55]

　　同成绩一样，追求关系也会过度。团队中紧密的个人关系会给团队带来不利的结果。关系过于紧密的团队所带来的潜在的缺陷，首先就是可能会导致团队成员的"集体盲思"（groupthink）。研究显示，一组具有亲密关系的人更可能强迫自己的想法与大家一致，从而限制了他们在面临挑战时思考其他解决方法的能力。同样，他们也会倾向于对自己的做法过度自信，并可能难以发现在他们的发展道路上所存在的风险。[56] 与此相关，过于紧密的团队存在的另一个缺陷是，他们会规避团队内部一些困难和具有争议的事情。[57] 一项研究调查了一家旅行社内社会关系同团队表现之间的关系。研究者发现，旅行社工作人员之间的个人关系一旦过于密切，就会影响团队的表现。这项发现基于对员工间关系的考察——根据他们在一年间邮件往来的频率。员工间个人关系的密切程度与每个团队的销售成绩相关。调查结果显示，关系不怎么紧密的团队，其表现比平均水平糟糕。这并不令人惊讶。但是，这项研究最有趣的发现是，团队内的密切关系只有在限定于某个范围之内时，才会提升团队的表现；过度之后，团队的表现会变差。研究人员称，过度的社会关系会浪费时间，同时也会把团队表现挤到次要地位。

紧密的个人关系还可能导致对团队内的成员过度保护，甚至是在他们做出不正当或违反职业道德的行为时。许多研究证明，对集体的忠诚度会影响人们揭露令人不快的真相甚至不道德行为的意愿。在这些情况下，对团队的忠诚会变得比处理问题更加重要。一些团队成员为了被集体所接纳，一次又一次地逃避那些令人担忧的问题。在一个关系过于紧密的团队更容易出现的情况是，团队成员更加不愿意面对麻烦的问题——一旦揭示这些问题就有可能破坏团队内的关系或导致"讲真话"的人被他人视为对团队不忠。[58]

亲密的个人关系所带来的第三个负担是会造成"内外有别"。成员关系亲密的团队可能会产生一种小集团心态，在不同程度上排斥别人。被排斥的人可能会是同属一个团队但是被认为不那么能干或是不那么重要的人。小集体心态也会影响团队成员与其他团队打交道的方式，而他们的支持是该团队取得成功必不可少的。团队成员之间的关系有时十分牢固，以至于他们会将他人视为不可信任的外人。巴塔哥尼亚的一位前CFO就有过这样的经历。他说，在他的新公司里，他就像一个弃儿一样，因为他没有根基，与公司的其他高管也没有密切的私人关系。而且他和其他高管并不住在同一个社区内，也不在工作之外一起活动，这让他更加孤立。"我喜欢我的工作，但是我的生活像是遭到了隔离。"他回忆说，"作为'巴塔哥尼亚人'会有许多压力——我讨厌这个词，我讨厌这一概念。"因为无法与其他公司高层建立密切关系，他最后黯然离职。[59]

最后，过分强调团队成员之间的关系会造成"感情过载"。研究发现，总体来说，人不可能无限制地共情，而注重关系的公司文化会更多地要求员工与他人建立联系。对关系的强调会导致所谓的"同情疲劳"，因为人们会消耗太多精力来建立和维护关系。[60] 研究进一步表明，在管理关系这方面，女性会被迫承担更多不公平的负担。因为就社会规范来说，女人被许多人认为比男人更加具有群体性，更加富有同情心。结果，虽然没有明说，但是人们更加期望女性在工作中承担起更多建立和维护关系的重任。有人将这种情况称为"情感劳动"。这种"工作"需要花时间保证员工之间建立起关系，同时也要保证工作环境能够有利于合作。最后，女性在人际关系上的负担远重于男性，特别是在一个重视关系的公司里。理论上来看，男性和女性在这方面应该是平等的。但是实际并非如此。对女性不利的是，人们往往期待她们去完成与建立和维护关系相关的工作，而这些工作往往费力不讨好。[61] 在一项研究中，学者玛德琳·海尔曼（Madeline E. Heilman）和朱莉·陈（Julie Chen）发现，与男同事们相比，如果女性不为别人提供帮助，那么人们对她们的评价就会很苛刻。就算是她们帮助了同事，她们所获得的表扬也少得多，部分原因在于，这些都是人们期望她们做的。亚当·格兰特（Adam Grant）和谢丽尔·桑德伯格在评论这项研究时表示："在为别人提供了相同的帮助之后，男性往往更可能因此在晋升、重大项目、加薪和奖金等方面受到保举，这种情况一而再再而三地发生。"[62]

成绩与关系的逻辑与局限	
对成绩的需求	**对关系的需求**
· 团队达到公司或客户的期望	· 团队成员之间的粘合力
· 团队获得能够在未来取得成绩的能力	· 与其他团队的合作
	· 对公司及其领导者的信任
过度追求成绩带来的风险	**过度追求成绩带来的风险**
· 可能让团队成员筋疲力尽	· 可能造成集体盲思
· 可能会损害公司文化	· 可能回避麻烦的问题
· 可能催生"为了达到目的不择手段"的心态	· 可能造成"内外有别"

在管理成绩/关系这两极时，团队要面对两个主要的风险。首先，团队可能会过度追求成绩或者过度追求团队中

的关系，从而为此承担后果。有时候，这是团队或者其领导者"二选其一"的心态所造成的。[63] 在这种情况下，团队会把成绩或是关系中的一个作为优先目标甚至是唯一目标，因而对另一极没有给予充分的关注。有的团队"只关注成绩"，而有的团队"只关注关系"。同时认识到成绩和关系这两极的重要性，决定了如何以一种最有效率的方式实现它们。在取得成绩和建立关系这方面，并没有能够参照的教科书或公式。以解雇表现不佳的员工为例。公司会竭尽所能招聘最有能力的员工并给予他们取得成功所需要的任何东西（培训、同事的支持、反馈……）。但是公司有时候也会不可避免地犯下错误，公司招聘的一些员工可能没有好好表现的动力或技能。然而，在强调关系重要性的公司里，解雇这些人并不容易。爱彼迎的一位员工说：

> 我们有一个"团结一致"的文化，这是非常独特也非常强大的。在我的职业生涯中，爱彼迎在科技行业中是最以人为本的一个公司。但是我们的文化有一个问题，表现不好的员工会被留在公司里。他们会被调到别的团队中，或从事不那么重要的工作。出现这种情况的原因是，管理人员不

愿意做炒人鱿鱼的"魔头"。他们知道表现不好的
员工出了什么问题，但是他们不会采取什么措施。
这让那些工作努力且颇有建树的员工士气受挫。[64]

　　而像奈飞这样的公司就会即刻对没有达到预期成绩的员
工采取雷霆手段。这样的公司相信，一些成功的公司之所
以受挫或失败，原因在于它们不愿面对现实——它们员工
的才能无法达到在竞争激烈的市场上取得成功所需的水平。
你可能会认为，当团队内的成员出现能力上的差距时，最好
的做法是果断地采取行动。但是，皮克斯并不这样看。它
认为，过快地采取行动会在公司里制造对公司不利的恐慌，
因为员工会暗地里合计，下一个被炒掉的会不会是他们。
这会分散员工的工作注意力，特别是会破坏他们的创造力。
皮克斯认为，等到团队中所有人都意识到需要解雇那个表现
不好的人——即便这个人是团队的领导——时再采取行动，
这对公司是最好的解决方法。在皮克斯，这往往意味着在
解雇一个导演时，他已经失去了整个团队的支持。于是乎，
解雇导演的决定就不会引起任何不当的焦虑。[65]受皮克斯的
启发，你也许会认为，最好等一段时间再解雇表现不佳的员
工。然而，解雇员工的时机取决于许多因素，每种方式都

会有其风险。有的领导动辄解雇表现不佳的员工，留在团队中的员工会因此而感到焦虑。而有些领导则行动过于缓慢，从而将整个团队置于危险中。考虑到工作任务、团队的性质等，团队的领导者需要权衡这些，同时决定做出必要改变的恰当时机和方式。

作为管理咨询顾问，我发现的更加普遍存在的风险是，很多团队在争取成绩和建立关系方面没有全力以赴，所以没有获得发展所需要的东西。有时候这是因为，团队希望在关系和成绩这两者之间保持能够为人接受的平衡，也就是说避免在任何一方面做得过火，以此来解决在成绩与关系之间进退两难的困境。他们努力取得足够的成绩并在团队内建立恰如其分的关系来通往成功（或者说至少避免失败），而又不会因此引发问题。[66]虽然可以理解其初衷，但是这样做会导致陷入"平衡陷阱"中。团队竭力在成绩和关系之间维持一个稳定的关系，即便是它所面临的挑战要求其对处理方式做出改变。这样，团队就会力求稳定和可靠。但是这个世界却不是一成不变的，且往往存在激烈竞争。

顶尖的团队会避免落入"平衡陷阱"，它们会在成绩和关系这两方面都追求极致。然后它们再回过头来应对因此带来的问题。发展会要求团队在两方面都做到极致——有时是要求同时做到极致，更多时候是要求先做好一方面再顾及另一方面，这取决于团队的生存和需要。在这些情况中，团队在某段时期内的举措看上去像是只追求成绩或是只追求关系。团队中因此产生了成绩和关系之间持续而健康的张力。这些团队的领导者认识到，在两者中，偏重其一都不是长久之计。并不是在这两方面都"适可而止"就能实现发展。相反，想要发展就必须在追求成绩和建立关系这两方面都做到极致。

有技巧地追求极致会在团队内形成良性循环——对成绩的追求会强化团队成员之间的关系，反之亦然。与之相反的情况是，团队内会出现恶性循环——团队成绩的下滑会对团队成员的关系造成破坏，也就是说，团队成员之间的关系会随着业绩压力的加剧而变得紧张。而团队关系的恶化到一定程度又会对团队追求成绩的能力产生负面影响。团队的目标当然是要建立一个良性循环，使成绩和关系二者能够帮助团队实现更好的业绩。

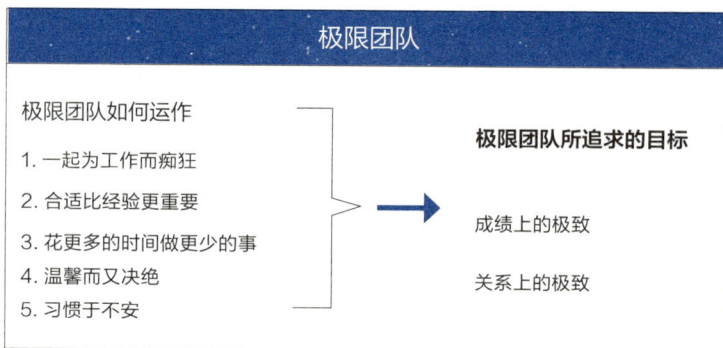

极限团队	
极限团队如何运作 1. 一起为工作而痴狂 2. 合适比经验更重要 3. 花更多的时间做更少的事 4. 温馨而又决绝 5. 习惯于不安	**极限团队所追求的目标** 成绩上的极致 关系上的极致

小 结

对于团队来说，既要追求成绩，又要建立团队内部的关系。每个团队都面临兼顾两者的挑战。

在很多情况下，两者互利协作，彼此支持，形成一种良性循环（团队所取得的成绩会强化团队内的关系，反之亦然）。

但在有些情况下，两者却相互对立，甚至相互破坏。对成绩的过度关注会破坏团队关系，而对关系的过度关注会对团队的成绩产生负面影响。

很多团队希望在成绩和关系之间维持一种可以令人接受的平衡——成绩和关系间适度的关系，在不引发"过犹不及"的风险的同时推动团队前进。

维持这种平衡是一个诱人的陷阱，这会导致团队在成绩和关系两方面寻求一种舒适的平衡，但客观环境却要求团队在两方面都更进一步。

天才敢于剑走偏锋。优秀的团队会在追求成绩和建立关系两方面都做到极致，同时也明白要管控由此带来的风险。

◆ 1 · T. S. Elliott wrote: "Only those who will risk going too far can possibly find out how far one can go." Preface to Harry Crosby, Transit of Venus (1931), p. ix.

◆ 2 · The initial business plan for Netflix was to sell movies on DVDs, but the firm quickly switched to rentals.

◆ 3 · Gina Keating, "Five Myths about Netflix," The Washington Post, February 21, 2014.

◆ 4 · Gina Keating, "Netflixed: The Epic Battle for America's Eyeballs," Portfolio, 2013.

◆ 5 · In 2000, Blockbuster had $5 billion in revenue while Netflix had $10 million.

◆ 6 · Netflix was founded in 1997. Blockbuster filed for bankruptcy on September 23, 2010. Bought by Viacom in 1994 for $8.4 billion, Blockbuster was worth only $24 million at the time of the bankruptcy filing.

◆ 7 · The massive size of Netflix is reflected in how it dominates Internet use.See Neil Hughes, "Netflix Boasts 37% Share of Internet Traffic in North America, Compared with 3% for Apple's iTunes," Apple Insider, January 20,2016.

◆ 8 · "Netflix Culture: Freedom and Responsibility." Internal presentation, available at www.slideshare.net/reed2001/culture-1798664.

◆ 9 · Nancy Hass, "And the Award for the Next HBO Goes To . . . ," GQ, January 29, 2013.

◆ 10 · Hastings also believes that putting his firm's principles in writing promotes productive debate within the company (such as the degree to which the principles are being followed) and how to most clearly communicate them (clarifying statements that may be confusing).

◆ 11 · From Greylock Partners, "Blitzscaling 16: Reed Hastings on Building a Steaming Empire," www.youtube.comwatch?v=jYhP08uuffs&sns=em.

◆ 12 · Netflix blog post announcing the unlimited maternity and paternity leave policy, blog.netflix.com/2015/08/starting-now-at-netflix-unlimited. html.

◆ 13 · La Verdad, December 27, 2010 (1:06 p.m.), posted on "Hacking Netflix," www.hackingnetflix.com/2010/12/whats-it-really-like-to-work-atnetflix. html.

◆ 14 · Comment posted by former Netflix vice president on the website Glassdoor. Regarding Netflix, it reads, "A bit of a culture of fear articulated as 'the sniper in the building,' as some new hires and long-time employees are either bad fits or fail to grow, and are subsequently let go. Culture emphasizes experimentation, which includes needed organizational experiments, and this type of experimentation also reinforces the fear. Again, most of this well-articulated in culture deck, so no surprise." www. glassdoor.com/Reviews/Employee-Review-Netflix-RVW2115622.htm.

◆ 15 · Patty McCord, "How Netflix Reinvented HR," Harvard Business Review January-February (2014).

◆ 16 · Robert J. Grossman, "Tough Love at Netflix," SHRM 55 (2010).

◆ 17 · "Netflix Culture: Freedom and Responsibility."

◆ 18 · The firm's CEO, Reed Hastings, said the company let go of approximately 1,000 people over its history without a single lawsuit. Interview with Blitzscaling 16: Reed Hastings on Building a Streaming Empire. https://www.youtube.com/watch?v=jYhP08uuffs. Nov. 12, 2015.

◆ 19 · Grossman, "Tough Love at Netflix."

◆ 20 · Jodi Kantor and David Streitfeld, "Inside Amazon: Wrestling Big Ideas in a Bruising Workplace," New York Times, August 15, 2015.

◆ 21 · The New York Times is a competitor of the Washington Post, which was acquired by Jeff Bezos several years ago. Some of those supporting Amazon suggest that the Times article is biased as a result.

◆ 22 · John Cook, "Facebook, Amazon Staffers Are the Most Stressed: Google, Microsoft Are the Best Paid," Geekwire, June 6, 2001.

◆ 23 · Amazon is not alone in this practice as other firms, such as Walmart, use similar technologies to eliminate what some refer to as "time theft."

◆ 24 · Joe Nocera, "Jeff Bezos and the Amazon Way," New York Times, August 21, 2015.

◆ 25 · Amazon corporate site, "Our Leadership Principles," www.amazon. jobs/ principles

◆ 26 · Spencer Soper, "Amazon Warehouse Workers Complain of Harsh Conditions," Los Angeles Times, October 1, 2011.

◆ 27 · The Times did not indicate how often this occurs, but Amazon, in responding to the article, suggested that the large majority of the comments in its feedback process are positive (by a ratio of five positive comments to every one negative comment).

◆ 28 · Amazon grew from $6.92B in revenue in 2004 to $88.99 billion in 2014.

◆ 29 · Those who invested $1,000 in Amazon at the time of its public offering now have stock worth over $350,000, based on an initial IPO price of $18 in

1997 and a price of $531 in 2015 (post stock splits).This stock as of September 2016 is trading even higher, approaching $800 per share.

◆ 30 ·Jeff Bezos in Amazon's 1997 shareholder letter, media.corporate-ir. net/ media_files/irol/97/97664/reports/Shareholderletter97.pdf.

◆ 31 ·Brad Stone, The Everything Store: Jeff Bezos and the Age of Amazon (New York: Little, Brown and Company, 2013), 131.

◆ 32 ·There are various definitions of what constitutes a team and also various types of teams. Susan Cohen, a team's researcher, suggests the following as the most general definition: "Team is a collection of individuals who are interdependent in the their tasks, who share responsibility for outcomes, who see themselves and are seen by others an intact social entity embed in one or more larger social systems and who manage their relationships across organizational boundaries." "See What Makes a Team Work," Journal of Management 23 (1997), 241.

◆ 33 ·J. Richard Hackman outlines three criteria to assess a team's effectiveness: 1) The team's output is acceptable to its clients, 2) The team's capabilities improve over time, and 3) Working in the team is satisfying to its members. See Hackman, Leading Teams: Setting the Stage for Great Performances (Boston: Harvard Business Press, 2002), 30.

◆ 34 ·Amanda Little, "An Interview with Patagonia Founder Yvon Chouinard," Grist, October 23, 2004.

◆ 35 ·Megan Hustad, "Whole Foods' John Mackey: Self-Awareness on Aisle 5?" Fortune, March 8, 2013.

◆ 36 ·Ian Parker, "How an Industrial Designer Became Apple's Greatest Product," February 23, 2015.

◆ 37 ·Jay Yarow, "Jony Ive: This Is the Most Important Thing I Learned from Steve Jobs," Business Insider, October 10, 2014.

◆ 38 · Robert Putnam, Bowling Alone: The Collapse and Revival of American

Community (New York: Simon & Schuster, 2001).

◆ 39 · There is a great deal of research on the impact of social cohesion on performance. See D. J. Beal et al., "Cohesion and Performance in Groups: A Meta-Analytic Clarification of Construct Relation," Journal of Applied Psychology 88 (2003), 989 - 1004; S. M. Gully, D. J. Devine, and D. J. Whitney, "A Meta-Analysis of Cohesion and Performance: Effects of Level of Analysis and Task Interdependence," Small Group Research 26 (1995): 497 - 520; M. A. Hogg, The Social Psychology of Group Cohesiveness (New York: New York University Press, 1993).

◆ 40 · Dora L. Costa and Matthew E. Kahn, Heroes and Cowards: The Social Forces of War (Princeton: Princeton University Press, 2008).

◆ 41 · An important caveat: The authors found the camaraderie exerted this level of influence only when the soldiers saw others in their troop as similar to themselves—in their place of birth, ethnicity, social standing, and age. See Costa and Kahn, Heroes and Cowards: The Social Forces of War.

◆ 42 · "Item 10: I Have a Best Friend at Work," Gallup, www.gallup.com/businessjournal/511/item-10-best-friend-work.aspx.

◆ 43 · Some observers of culture make a distinction between cognitive culture and emotional culture. Cognitive culture includes shared intellectual values, norms, and assumptions. Emotional culture involves the feelings people have in regard to these values, norms, and assumptions. See "Manage Your Emotional Culture." Sigal Barsade and Olivia A. O'Neill. Harvard Business Review, January–February (2016).

◆ 44 · The academic literature examines this topic under the banner of social cohesion. An expansive definition of cohesion reads, "The strength of the bonds linking individuals to the group, the unity of the group, feelings of attraction for specific group members and the group itself, the unity of the group and the degree to which group members coordinate their efforts to achieve goals." iChapters, Thomson Learning, 2006, 14. See also John Bruhn, The

Group Effect: Social Cohesion and Health Outcomes (New York: Springer, 2009).

◆ 45 · Christopher Rhoads and Li Yuan, "How Motorola Fell a Giant Step Behind: As It Milked Thin Phone, Rivals Sneaked Ahead on the Next Generation," Wall Street Journal, April 27, 2007.

◆ 46 · For an analysis of the physical, emotional, and social impact of isolation, see John T. Cacioppo and William Patrick, Loneliness: Human Nature and the Need for Social Connection (New York: Norton, 2009).

◆ 47 · Susan T. Fiske, Amy J. C. Cuddy, and Petter Glick, "Universal Dimension of Social Cognition: Warmth and Competence," Trends in Cognitive Science 11 (2006): 77 - 79.

◆ 48 · Teresa Amabile, Colin M. Fisher, and Julianna Pillemer, "IDEO' s Culture of Helping," Harvard Business Review, January–February (2015).

◆ 49 · There is a long history of group research that looks at the dynamic between results and relationships in small groups. Different terms are used, but the general idea that teams must manage both weaves through the literature. The early work in this area was done at Harvard by Robert Feed Bales. See his book Social Interaction Systems: Theory and Measurement (London: Transaction Publishers, 2001). Later work focuses on the concept of group cohesion and how it impacts performance, as noted above.

◆ 50 · Google bought Fadell' s firm for $3.2 billion in 2014. Fadell departed Google in 2016.

◆ 51 · See Connie Loizos, "Is Tony Fadell in Nest' s Way?" Techcrunch, March 30, 2016. Also see Lydia Dishman, "What' s Going on at Nest?" Fast Company, February 17, 2016.

◆ 52 · Steve Lohr, "Tony Fadell Steps Down Amid Tumult at Nest, a Google Acquisition," New York Times, March 3, 2016.

◆ 53 · There are cases where firms experience a crisis, identify the need to change their cultures, and then fail to do so. NASA, after the Challenger space shuttle disaster, claimed that it was going to become a "safety first" culture where its employees felt comfortable voicing any concerns they had with the safety of a mission. Years later, the agency experienced another shuttle disaster, and an analysis of the Columbia disaster concluded that NASA's culture had not changed a great extent after the Challenger tragedy. See Marc S. Gerstein and Robert B. Shaw, "Organizational Bystanders," People and Strategy 31 (2008), 47 - 54.

◆ 54 · Caroline Chen and Cynthia Koons, "Valeant Guts Board as It Shifts Strategy, Attempts Fresh Start," Washington Post, May 2, 2016.

◆ 55 · Xiao-Ping Chen, "Company Culture and Values Are the Lifelines of Alibaba: An Interview with Jack Ma, Founder and Executive," Executive Perspectives, August 2013, www.iacmr.org/V2/Publications/CMI/LP021101_ EN.pdf.

◆ 56 · The individual most responsible for the groupthink concept is Irving Janis. See Victims of Groupthink (Boston: Houghton Mifflin, 1972); Groupthink: Psychological Studies of Policy Decisions and Fiascoes (Boston: Houghton Mifflin, 1982); Crucial Decisions: Leadership in Policymaking and Crisis Management (New York: The Free Press, 1989).

◆ 57 · Matt Palmquist, "The Dangers of Too Much Workplace Cohesion," strategy+business, February 10, 2015.

◆ 58 · Sean Wise, "Can a Team Have Too Much Cohesion? The Dark Side to Network Density," European Management Journal 32 (2014), 703 - 11, www. sciencedirect.com/science/journal/02632373/32/5.

◆ 59 · Edward O. Welles, "Lost in Patagonia: Yvon Chouinard's Ambitious Social Mission," Inc., August 1, 1992.

◆ 60 · Adam Waytz, "The Limits of Empathy," Harvard Business Review January- February (2016).

◆ 61 ·Rob Cross, Reb Rebele, and Adam Grant, "Collaborative Overload," Harvard Business Review, January–February (2016); Radostina K. Purvanova and John P. Muros, "Gender Differences in Burnout: A Meta-Analysis," Journal of Vocational Behavior 77 (2010), 168 - 85. Madeline E. Heilman and Julie J. Chen, "Same Behavior, Different Consequences: Reactions to Men's and Women's Altruistic Citizenship Behavior," Journal of Applied Psychology 90 (2005), 431 - 41.

◆ 62 · The quote is from Adam Grant and Sheryl Sandberg, "Madam C.E.O., Get Me a Coffee," New York Times, February 16, 2016.

◆ 63 · Barry Johnson, Polarity Management, HRD PRess; 2014.

◆ 64 · Robert Bruce Shaw interview.

◆ 65 ·Ed Catmull, CEO of Pixar, notes the downside of moving too quickly on underperformers on those who remain: "It makes them think, 'oh, if I screw up, they're going to remove me.' So the cost to the organization of moving quickly on somebody is higher than it is if you let the person go on too long. You make the change when the need for it becomes obvious to other people. Then you can do it. I will admit that there are a couple of times, though, that we waited too long. This is a hard part of managing." From "Staying One Step Ahead at Pixar: An Interview with Ed Catmull," McKinsey Quarterly, March 2016.

◆ 66 · Robert Freed Bales, a pioneer in the research on teams, describes wha the calls task-oriented roles (focusing on who contributed the best ideas for solving a particular team problem) and process-oriented roles (focusing on who helps sustain the group morale and keep it moving forward).

第二章

培育痴迷的工作精神

不只是生意，近乎于邪教

　　巴塔哥尼亚公司的创始人伊冯·乔伊纳德有着强烈的信念。他曾经公开宣称，比起普通消费者，他更喜欢那些像他自己那样投身高强度的户外运动——比如攀岩、急流皮划艇和冲浪等——的消费者，他称之为"邋遢鬼"。[1]这些人会把他们自己置于极限环境中，以充分利用该公司的产品在严苛条件下所能展现出的性能。他们也关心环境，并参与环保事业。乔伊纳德同样直接地对那些仅仅为了时尚而穿着该品牌衣服，但又开着高油耗路虎揽胜汽车的人嗤之以鼻。[2]当被问到他的看法是否会让该品牌最忠实的一部分用户弃之而去时，他表示：

　　　　我不在乎。……他们没有意识到，我不是经营服装生意。我不是为我自己在挣钱。践行我读过的书里所写的那些避免环境破坏的方法，这才是巴塔哥尼亚存在的意义。我是在使我们的行为更加环保，并试着影响我们的消费者去做正确的事情。所以我们不会改变。如果不喜欢我们的理念，他们可以去别的地方购买这些东西。[3]

乔伊纳德并不把自己看作一个商人，实际上，他并不喜欢这个词。他是创建了一个规模达 7.5 亿美元的公司的环保人士。[4] 在公司的发展过程中，他对普通的商业行为的蔑视曾造成了一些错误，甚至在数十年前使公司濒临倒闭。[5] 乔伊纳德承认，巴塔哥尼亚曾犯下过大错。该公司一度有着拙劣的组织架构和库存管理流程，对新员工的培训也近乎为零。在公司成立早期，巴塔哥尼亚在更高层面也有过明显的失误——在乔伊纳德看来，公司使用了并不适合公司文化的人。一些离职的员工有着不同的看法，他们认为，乔伊纳德是一个难以打交道、性格分裂的老板。另外一些人则认为，乔伊纳德相当古怪，但又值得信任。有人表示："伊冯是一个有趣的领导者，他不是特别具有个人魅力。他热烈地追逐着他所信仰的事情，但是有时候又会很愤世嫉俗，很内向。不管怎样，在我的职业生涯中，他是最可靠的领导者。只要是他所认定的事情，就绝无二话，不会后退。"[6]

　　巴塔哥尼亚生存了下来，从它所犯过的错误中吸取了教训，然后成为了一个标志性的服装品牌。多年来，乔伊纳德无视了很多收购巴塔哥尼亚的报价。他同样拒绝上市，虽然他和他的家人们知道这样做可以带来一笔"横财"。因此，他可以按照自己认为合适的方法经营公司。不会有股东为了更快速的增长向他施压。他也不用为了季度收益去解释公司的投资和捐赠。没有分析人士会就利润率问题向公司提问。

　　乔伊纳德专注于减少个人和公司对地球的伤害。而巴塔哥尼亚正是他实现这个目标的主要途径——用他的公司为环保事业提供慈善支持。巴塔哥尼亚每年都会将收入的1%捐赠给各种环境保护组织。该公司同样也会为员工提供多达两个月的带薪休假，让他们参与到环保工作中。巴塔哥尼亚的一位员工曾经在黄石国家公园（Yellowstone National Park）追踪狼群的活动，此活动旨在提高它们的生存率并进一步维持公园内生态系统的平衡。巴塔哥尼亚还努力地希望为其他公司树立榜样，鼓励它们和消费者以一种对地球更加友好的方式生活。[7]乔伊纳德对环保问题的关注造就了一种独特的公司文化，有时候甚至会导致公司做出一些令人意外的事情。其中，最令人印像深刻的就是，巴塔哥尼亚做了一个广告，要求人们不要买它的产品（在该公司颇受欢迎的夹克衫的图片上，写着醒目的"别买这件夹克衫"）。这个广告的本意是，要减少对环境的破坏，人们就需要少一点消费，而公司就要少一点生产。这可能是有史以来第一次有公司号召顾客不要买自己的产品。[8]

避免对环境造成不必要的影响是巴塔哥尼亚公司的重要目标之一。而该公司另一个重要目标是生产最好的产品。在公司发展的早期，产品质量就对公司格外重要。巴塔哥尼亚公司的前身也只不过是一个小作坊。乔伊纳德那时为自己的一帮朋友——他们都是户外爱好者——制作攀爬用具。他的目标是制造出比竞争对手更结实、更轻便和更可靠的产品。乔伊纳德在自传中写道："在我们的脑子里，品控一直是最重要的，因为如果一件产品出现问题，那么有人可能会因此遇难。因为我们自己也是公司的客户，所以如果出现问题，遇难的很可能是我们自己。"[9]当巴塔哥尼亚公司开始售卖当时市面上最耐用、色彩最丰富的高质量衣物，它的销售额开始攀升。公司经营的范围从攀爬用品变成了户外服饰，但是乔伊纳德对质量的要求依旧如故。一位同事回忆，每当巴塔哥尼亚公司收到退回的产品（比如说，掉了衣扣的衬衫），乔伊纳德就会十分激动。他要求他的员工竭尽所能保证他们的产品拥有最高的品质，无论要付出多少努力和成本。[10] 乔伊纳德认为，保护环境和高质量的产品这两大公司的核心价值观是相互联系的。他希望消费者尽可能少买东西，但是买到的东西是性能最好的、最耐用的，如果可能的话也是可以循环利用的。[11]

有些人相信，归根结底，公司是为其股东赚取回报的法人实体。[12] 一位知名的商业专家为证明这一观点称："真相就是，商业的 DNA 是把股东的回报最大化。"[13] 认同这一观点的人表示，企业所表达出的对消费者、员工和环境的关怀可能是发自真心的，但是相对于最大程度地获得利润，这些都是次要的。这样的看法存在问题，很多成功的公司总是致力于赚钱之外的事业。全食超市称，它希望通过提供更好的营养改变世界。皮克斯努力用电影打动观众。捷步达康将为世界——而不仅仅是消费者——带来快乐视为自己的使命。爱彼迎则志在为旅行的人们提供家一般的住宿环境，从而创造一种归属感和社群感。带着嘲讽态度的人将这样的宣言看作是一种用以提升品牌的公关手段和市场策略。但是这些公司用亲身行动和它们的投资捍卫了自己崇高的宣言。它们明白利润的重要性，也知道如果赚不到钱将面临的后果，但是它们不把利润视为其最高使命。

一则来自捷步达康的小故事证明了这一点。几年前，该公司的创始人、CEO 在外地与来自制鞋商斯凯奇

（Sketchers）的员工一起参加一个会议。会后，他们在当地的酒吧喝得酩酊大醉才返回酒店。这时，他们想点一个披萨，但是酒店已经不再提供客房服务（时间已经超过23点，也就是客房服务的截止时间）。有人建议从披萨店叫一份外卖。这时，捷步达康的CEO谢家华半开玩笑地说，他们可以打电话给捷步达康的热线电话，在不透露自己身份的情况下，请公司客服中心的员工帮忙找一家能给他们酒店送外卖的披萨店。谢家华打赌说公司客服中心的员工会提供帮助的，因为他的公司致力于为人们服务，不管他们有什么要求。斯凯奇的一名员工于是拨通了电话，打开了扬声器，其他人则在周围拭目以待。捷步达康的客服人员起初愣了神，不知该如何回复，但是，正如谢家华所预言的，这位员工最后还是帮助他们找到了一家披萨店。谢家华讲这个故事是为了说明，捷步达康的首要目标不是卖鞋，而是通过服务为其他人创造快乐。[14] 在捷步达康，这不仅仅是说说而已。该公司会培训员工如何与打电话进来的客人打交道，并且尽可能地满足他们。它希望每个给公司打电话的客人都能高兴地结束通话。捷步达康没有用每小时接电话的数量等衡量效率的指标来奖励客服中心的接线员。公司也不提倡劝说顾客购买更多商品的行为。捷步达康喜欢宣传，部分顾客会持续与公司的接线员通话数小时（最近有一个电话持续了 10 小时 43 分，打破了公司之前的通话时间纪录）。让自己的员工在一个电话上耗费数小时，这从经济效益的角度来看很不理性——但是捷步达康就是这么做的。

　　表现优秀的公司所体现出的一大矛盾是，它们能挣到更多钱，原因却是钱并不是它们最看重的东西。在这方面，它们与那些只注重季度收益的公司不同。它们甚至不关心增长，虽然其中很多是有史以来增长最快的公司。皮克斯公司已经出品了一系列大片，它们总共获得了数十亿美元的票房。皮克斯为其影片在商业上取得的成功而感到骄傲，并会在影片表现出色时为团队发放奖金。但是，收入并不是皮克斯评判成功的终极标准。皮克斯的首要目标是在感情上触动观众。这听上去带着理想主义的色彩，甚至有些幼稚，但这正是它的目标。以皮克斯制作的影片《海底总动员》为例，该片在制作水下动画场景时运用了出色的特效技术，因此取得了商业上的成功。但是，真正使它成功的是精心构建的故事情节，这个故事讲述了一个对孩子过度保护的父亲如何学会成为更好的父亲。其他的电影公司，至少是那些追求收益最大化的电影，可能会在《海底总动员》这样的电影大热后马上制作续集。但是，皮克斯不会仅仅为了兑现这个显而易见的商机而制作续集。它等待了整整 13 年才推出了续集《海底总动员 2》（*Finding Dory*），因为在此之前，故事情节一直没有达到公司的标准。[15] 本书中所列举的优秀公司虽然都十分成功，但是它们并不是为了挣钱而生。它们挣钱是因为钱能够让它们做自己喜欢的事情。[16] 对这些公司来说，利润是必要且重要的，但这并不是它们存在的意义。

前沿的公司和它们的团队常常具备一种类宗教的，特别是半宗教式的特性。当然，它们不是真正的宗教，但是可以看看它们的运转方式。首先，公司内对更崇高的目标（健康、地球、幸福）有着共同的信仰。不同公司有着不同的目标，但是相同的是，它们追求的事业都不仅限于赚钱。第二，员工对于公司崇高的目标有着高度的责任心，这不仅仅是挂在公司大楼门口的标语或者公司网站上"我们的价值"一栏下的内容。公司的大部分员工是真正的信徒。工作于他们而言不只是一份职业，更是使命。甚至当员工有条件减少工时，或者可以在周末和假期休息时，他们也不会这样做，因为工作对于他们来说不只是工作。第三，这些公司通常相信，就其目标、能力和历史而言，它们是与众不同的。每个公司都认为自己的信仰和举措是独一无二的——除了不那么谦逊之外，它要优于其他公司。上述每一个因素都能产生某些人眼中宗教式的公司文化——特别是对那些试图了解公司如何运营的外人来说。

　　这些公司中，大多数都有自己的故事——讲述它们如何发家并如何克服重重阻碍走到现在。这些故事生动地描绘了公司更崇高的目标，也统一了公司对员工和团队的期望。这些故事的主题因不同公司的历史和它们所各自强调的价值观而有所不同，但是，它们的目的是相似的——传达每个公司对其员工想法和行为的期望。全食公司的故事讲的是它如何从上世纪 70 年代奥斯丁（该公司的第一家门店就在那里）的大洪水里幸存下来的。当时，门店的库存和设备都遭到了破坏。损失总计达到了 40 万美元，而这家刚刚成立的公司并没有买保险。消费者和街坊们自愿同店员一道清理门店，使之能够重新开业。该公司的债权人和供货商也给了全食公司充足的时间来恢复元气、偿还债务。这个故事被放在了公司的网站上，并被讲给新员工听，因为这会增强员工的使命感，也会强化他们同当地社区的联系——虽然已经是一家规模达到数十亿美元的企业，但是全食仍十分珍视与当地社区的关系。

　　我们可以更进一步地把这些公司和邪教做个比较。考虑到这些公司所展现出的激情——特别是它们的领导者颇具个人魅力——能够使人产生强烈的忠诚感，因此，这样的比较是在所难免的。捷步达康就是创始人谢家华的杰作。他的个性深刻地体现在了公司的信仰和实践当中。谢家华相信很多人将工作和生活清晰区分开来的做法是刻意且有害的。他要求捷步达康的管理人员与他们团队的成员在工作之外也能够积极交往。谢家华认为，这有助于建立密切的关系，好的想法也会因此自然而然地出现。不愿意这样做的管理人员不会被该公司雇用，即便被雇用也待不了多久。与此同时，谢家华对等级制度的厌恶也体现在了公司中。如今，他在公司中实行了一种被称为"合弄制"的新组织方式，强调自我管理。[17] 简单地说，"合弄制"消除了传统公司当中大多数权力结构。采用这种激进的方式旨在创建一个由企业家构成的企业，当机会出现时，他们能够洞悉并抓住它们，这样就能够帮助公司更有效率地运营。传统的管理层被叫"圈子"的管理团队所取代。这些管理团体的职能是评估、批准或否决员工提出来的想法。然后，公司的员工按照需要组合在一起执行某个被批准的想法。这种模式在鼓励、评估和执行新想法这方面有一套正式的组织流程，代替了大多数公司中的管理系统。谢家华认为，"合弄制"能够在捷步达康激励创新，使公司得到长期发展。

作为公司的创始人和 CEO，谢家华不顾一些员工的反对在公司里强推这种新的组织模式。[18] 谢家华告诉他的员工，要么支持，要么离开。报道称，很多员工拿着公司给的数量可观的补偿金辞职了。谢家华不是唯一给公司打上自己烙印的领导者。巴塔哥尼亚公司在很大程度上体现了伊冯·乔伊纳德的个性和价值观。全食公司则被打上了约翰·麦基的印迹。里德·哈斯廷斯之于奈飞、艾德·卡特莫尔之于皮克斯、布莱恩·切斯基之于爱彼迎皆是如此。这些公司不是邪教，但是它们也都是其创始人的个人心血。

把处于前沿地位的公司与邪教所做的比较最终并不成立，这是因为做生意就意味着公司领导者的信仰最终需要在市场上得到验证——他们不能仅仅靠其信仰进行说教或是靠别人的意愿，让别人参与他们的事业。公司领导者的想法会在一段时间里被证明是否有用。谢家华尝试用新的方法推动捷步达康发展的意愿是值得尊敬的。但是实施"合弄制"不仅仅是简单地让员工相信他的想法。他的组织模式将在市场上被它所产生的结果以及它对企业文化和员工所造成的影响检验。谢家华会把他的公司推向发展的新阶段，还是毁掉他耗费多年心血所创建的公司，这些将由时间来判断。

这些公司与邪教的比较之所以不成立的第二个原因是，它们不仅仅能使公司员工受益，还能造福全世界——这一点与邪教大为不同，邪教往往会对其成员加以利用，并对社会造成危害。爱彼迎就被许多人认为是一个像邪教一样的公司。该公司的创建者们都有一个不可动摇的信念，那就是他们能够改变人们在旅行中的体验，使房东与房客之间的租赁服务更加便利。该公司更高的目标是在全世界培育信任感和集体感，这是一个崇高的、理想化的、宗教式的目标。该公司如今每年能在 91 个国家带来大量租金。[19] 它使数百万人因此受益。这些公司所面临的挑战是如何将它们的理想保持下去，坚持它们的做法，同时也能够吸引消费者并赚取利润。

在第一章里，我提到过，极限团队既要取得成绩又要建立关系。更重要的是，它们在这两方面都要追求极致——要甚于大多数传统的公司。为了达到这个目的，它们需要吸引全力以赴的员工，也就是那些对工作和公司具有高度的使命感和深切热情的人。对这些员工最贴切的形容就是"痴迷"，也就是说，团队成员会一直为工作和公司考虑，并为实现他们共同的目标而努力工作。[20]

我用"痴迷"来描述这些前沿团队，是因为这个词表明它们具有远超其他公司的使命感，其他公司的员工可能很职业，但是不会完全沉浸在工作当中。那些在乎工作与生活平衡的人会认为对工作的"痴迷"于公司和个人都不健康，就像前文所提到的皮克斯公司"停车场"事件所体现的那样，这种看法有时是对的。但是，如果一个公司或一个团队中没有具备这种特质的关键人物，就绝对不会取得伟大的成功。痴迷可能是有害的，但也是伟大的公司和团队的核心特征。痴迷所造成的不利影响是"干大事"所需付出的代价。

让我们先来看看领导那些前沿公司的领导者所具有的痴迷的个性。贾丝廷·马斯克（Justine Musk）是电动汽车生产商特斯拉（Tesla）以及贝宝（Paypal）等企业创始人埃隆·马斯克（Elon Musk）的前妻。她认为埃隆·马斯克的非凡成功主要归功于他痴迷工作的个性：

> "极致的成功"与你们所认为的"成功"是不同的，……你要变得富有且有成就，过上不错的生活，不一定非要像埃隆一样。这样你更容易感到幸福。但是如果你追求极致，那么你就需要忠实于你自己。他们这些人很多都是怪胎或与世界格格不入。他们有自己的一套生存战略，当他们成长起来，他们就会把这些战略运用于其他事物，从而为自己带来了独特和强大的优势。他们的思考方式与别人不同。他们接受所有新的想法和见解。其他人可能会认为他们疯了。[21]

　　贾丝廷·马斯克将那些卓越的领导者说成是怪胎或格格不入的人，这可能有些极端。但是从他们对成功的迫切渴望以及完全沉浸于工作中的做派来说，说他们是不正常的恐怕也没什么不妥。这并不是说"痴迷工作"本身就能带来成功。要让痴迷带来"极致的成功"还需要领导者具备其他的能力——这会因为领导者的不同或公司所面临的挑战的不同而变化。比如说，在某些情况下，领导者需要具备领导能力。在其他情况下，重要的是建立伙伴关系和管控团队内冲突的能力。但是如果没有痴迷的性格，那么就无法成功。有很多人很聪明，但是他们缺乏获得成功的专注力。这些人可能比别人更具天赋，但是与那些痴迷于自己的工作且对成功有着不懈的渴望的人相比，他们无法认识自己的天赋。

　　现在，有很多关于"1万小时定律"的著述。[22] 该定律称，要熟练掌握一门技艺需要经过长达1万小时的训练。在这个过程中，天赋是很重要的，但是没有持久的刻苦训练更是不行。如果我们把这一理论套用到某项运动，比如说网球中，这就意味着，一位极具天分的运动员需要每天花4小时进行训练，持续训练7年。网球名将安德烈·阿加西（Andre Agassi）说，他可能更加用功些，从六岁开始，他估计每天要击球2500次，一年击球接近1百万次。而当他成为职业选手时，他已经击球 1 千万次。[23] 有多少人—— 甚至是那些有着出色的手眼协调性的人或者是像阿加西那样有严厉的父母督导的人—— 能够有毅力完成这么多次击球？想象一下，每天击球 2500 次，日复一日这样做，这样做的代价是什么。卓越的领导者也是一样的。他们以一种近乎变态的程度坚持某项工作以期达到目标。

要有最出色的表现，痴迷就必不可少。但是在大多数人看来，痴迷是一种心理障碍。在日本，"karoshi"（过劳死）一词就指代那些因为没日没夜工作而死亡的情况。这个词可以被大概翻译为"像牛一样工作致死"。当然，相当一部分人"沉溺"于工作的现象并不为日本所独有。在美国，有一个自称为工作狂互助会的组织。这个组织将工作狂视为一种心理障碍，就像许多成瘾的行为一样，比如酒瘾和赌瘾。[24] 从这种角度来说，痴迷于工作是为了隔离生活中的其他压力。那些痴迷工作的人可能会一心趴在工作上，也会对其健康和家庭生活造成负面影响。但是，"痴迷于工作"和"工作成瘾"之间存在着区别。根据我对痴迷的定义，那些痴迷于工作的人会在工作中找到意义，并乐在其中。相反，工作狂则不是这样，他们把工作当成逃避生活中其他焦虑和不适的一种方式。

很多人认为，痴迷是一种个人的品性，但是这也可以被用于团队。制作《玩具总动员2》的皮克斯团队以及巴塔哥尼亚公司里执行将衣料变成有机棉花的团队就是例子。团队的领导者通常对团队的专注度至关重要。但是，有时候一个团队也会集体以一种志同道合的方式运作。比方说，开创性的产品往往是由一小波热爱他们所做的工作和他们所创造的产品的人研发出来的。一旦产品投放市场，这些小组常常会退居幕后，而团队的领导者就会成为焦点人物。皮克斯公司里制作《海底总动员》的团队并不为大众所熟知，甚至在业内也不出名。该片的导演安德鲁·斯坦顿（Andrew Stanton）获得了他应得的如潮好评，不过真正做出这部成功影片的是他的团队。这并不意味着一个团队都是由具有相同使命感的人所组成的，或者说一个团队并不需要领导者来设定方向、奠定基调。然而，团队——特别是它对任务的责任感——才是成功的关键。

痴迷也同样可以在公司层面起作用。本书中所写的7个公司都被旁人和媒体视为由真正的信徒所组成。这些人被描述为一心扑在公司的工作中并全力以赴地为实现目标做出贡献。阿里巴巴的创始人马云在讲述其公司是如何运营时谈到了这个问题。以下是他在哈佛大学演讲时谈到的关于阿里巴巴的内容：

有一位外国公司的 CEO 说我是一个疯狂的人。他说，他在中国已经待了许多年了，他不相信我管理公司的方式会奏效。我邀请他访问了阿里巴巴。在三天的访问之后，他说："现在我明白了，你有 100 个像你一样疯狂的人。"对此我表示同意。疯人院里的人永远也不会承认他们疯了。他们只会认为外面的人是疯子。这就是为什么阿里巴巴的员工这样团结。[25]

"痴迷"具有三种相互联系的形式。第一种，也是最重要的一种，是对工作及其成果的痴迷。在很多前沿的公司和团队中，工作是许多员工身份认同当中重要的一部分，甚至融入他们的血液中。著名的风险投资人保罗·格雷厄姆（Paul Graham）说，这些人对于他们所制造的产品有着高度的责任感，有时候他们会关注消费者都不会注意到的一些细节。在面临挑战时，有的人败下阵来，而生存下来的正是这些人。[26] 对痴迷工作的人来说，工作的目标首先是为了满足自己的需求，而不是消费者或者股东的需要，也不是为了满足公司领导。他们努力做出他们认为有价值的东西，这些东西要能够达到他们自己对优秀的定义。在这方面，他们是以自我为中心的，甚至于孤芳自赏。他们的逻辑就是，

如果他们做出了自己喜欢的东西，那么别人也会喜欢。皮
克斯公司的一位受人尊敬的导演布拉德·博德（Brad Bird）
曾经这样阐释这种心理：

> 如果你说你要为"他们"制作一部影片，那么
> 你的立场已经出现了问题。这暗示着你是为了别
> 人制作影片，你自己却不属于他们之中，这样的影
> 片多少会有些不真诚……因此，我的目标是要制作
> 一部自己想看的电影。如果我诚心诚意地来拍这
> 个电影，把它做到尽善尽美——如果我严格要求
> 自己，同时不出现太大偏差，不至于与其他人格格
> 不入——那么别人同样会享受其中，发现我做的
> 电影是有趣的。[27]

而在捷步达康，"创造快乐"也不是顾客所要求的。这
来源于公司创始人——他提出了自己和公司里其他拥有同
样想法的员工所期望的更高目标。消费者从这种痴迷的精
神中受益，但他们不是其源头。有趣的是，很多优秀的公
司会专注于与它们的业务大为不同的目标。巴塔哥尼亚公
司声称，它不是在卖衣服；捷步达康说，它不是在卖鞋；爱
彼迎说，它不是在出租房间。这些说法听起来荒唐可笑，

因为它们似乎在否认赖以发家的业务——卖衣服、卖鞋、出租房间。但是，在这些公司，特别是在它们的领导人看来，这些业务相较于真正对他们至关重要的事情来说都是次要的。

对工作的痴迷还体现在长期专注于手头的工作，这些公司里的员工和团队一心一意地想要把事情做好。这不是说其他公司里的员工或团队就不关注细节，缺乏责任心；而是说，在优秀的公司里，员工和团队的做法更加极致。那里的员工所痴迷的细节，其他人可能会加以忽略或者点到即止。痴迷工作的团队和个人则不会放过这些细枝末节。比如说，皮克斯的员工视沃尔特·迪士尼（Walt Disney）为动画界的偶像。迪士尼对动画技术的毕生投入令他们感到钦佩。在《白雪公主和七个小矮人》（*Snow White and Seven Dwarfs*）出品数十年之后，沃尔特·迪士尼依旧对该片"喋喋不休"，这一点也能够反映出他对动画技术的专注。该片的动画技术由于影片制作时经费和时间的限制没能达到他的期望，这让他颇感失望。特别是白雪公主的脸没有像迪士尼所期望的那样清晰。他担心"白雪公主的鼻梁浮在了她的脸上"。[28] 这部动画片成为了一部经典，但迪士尼一直在想他的团队在 20 年前有哪些地方做得不够。

　　优秀的公司所具有的第二种形式的痴迷精神就是为创建一个伟大的公司而进行的情感投资。正如在第一章中所说，前沿公司既追求成绩也重视公司内的关系。单单痴迷于工作通常能够实现更好的成绩，至少在短期内是这样的。但是痴迷于工作并不意味着公司内的关系得到了重视。事实上，可能意味着相比于产品或者服务，关系在公司中处于边缘地位。前沿公司认识到了这样做可能带来的风险，它们希望员工也能同样地专注于公司文化。它们希望员工不仅仅要在工作上花时间，也希望员工能够花时间建立关系，这是一个伟大公司的根基。再让我们看看捷步达康的谢家华。在建立捷步达康之前，谢家华创建了一家互联网广告公司。这家公司被微软以 2.65 亿美元的价格收购。谢家华说，他之所以卖掉他的第一家公司是因为，随着公司的发展，他反而再也不想在公司里工作了。他说：

　　　　当公司刚刚成立之初，只有 5 到 10 个人。我们都很亢奋，没日没夜地工作，甚至睡在办公桌底下，几乎忘记了年月。但是我们没有……注意公司文化。当公司规模达到 100 人以后——虽然我们雇用了有着合适的技术背景和经验的人——每天早上我却开始赖床，一次又一次按下闹钟。[29]

谢家华希望和他喜欢的人在一起工作，但是在那个公司里情况已经大不相同。有了这段经历，他在成立捷步达康早期就开始营造他所喜欢的公司文化。捷步达康采取了很多管理措施来落实他对工作氛围的重视，这让该公司显得与众不同。在节日促销期间往往工作负荷会大大增加，但在此时，捷步达康不会通过雇用临时工来缓解用工紧张。公司认为，临时工不一定能践行公司的价值观，如果雇用临时工就会使公司文化大打折扣。因此，该公司的员工往往被要求加班加点以满足这种季节性需求。捷步达康拒绝采取雇用临时工这种行业通行的做法，是为了保护它所珍视的公司文化。

对公司文化的专注是本书中所有企业的共同点。这些公司的领导者在创建正确的公司文化上花费了大量精力。对于何为正确的公司文化他们有着不同的看法，但是他们都清楚自己想要什么、不想要什么。爱彼迎的一个故事能够体现公司文化的重要性。在一封写给员工的信中，爱彼迎的 CEO 谈到了他与一位主要的投资者所进行的一次会议。这位 CEO 当时正在审查公司的发展规划，希望与大量初创公司打过交道的资深投资者能够给予支持和指导：

在会议期间，我问他，他最重要的建议是什

么。他回复说："别破坏了你的公司文化。"我们没有想到，向我们投资了1.5亿美元的人会给我们这样的回答。我请他详细地阐述他的看法。他说，他投资我们公司的理由之一就是我们的公司文化。但是同时他也认为，当公司规模扩大到一定程度，原有的企业文化一定会被破坏。[30]

爱彼迎的CEO接受了这位投资者的建议，在公司内展开了自查程序，以确定在公司文化中哪些是重要的，有什么是避免公司文化遭到潜在破坏所需要做的。阿里巴巴也同样是一个重视文化的公司。该公司由28位合伙人共同经营，他们共同对公司负责。阿里巴巴制定了一些政策要求未来的公司合伙人必须在公司工作5年以上，并且能够推动公司独特的使命、愿景和价值。成为合伙人的必要条件就是倡导企业文化、传承公司核心特质。[31]马云坚持称绝不会雇用"空降兵"来担任包括公司CEO在内的高层领导，因为"空降兵"不懂公司文化及其对公司生存的重要性。

优秀公司的痴迷还有第三种表现形式，那就是对改变社会的渴望——大多数情况下也就是通过它们的产品、服务和运营方式让世界变得更好。[32]全食公司的CEO说，很早之前有人希望公司能够专注于它最忠实的客户，售卖有限的产品（无糖、无荤腥、非加工的食品）。他拒绝了这个建议，因为他希望他的公司能对社会产生更大的影响。他写道："全食公司并不是只瞄准了某个小团体或是精英们……我们希望改变世界。"[33]"这个目标激励着我，也推动着公司。"其他有名的公司也具有相似的使命感。[34]苹果零售业务新任主管安吉拉·阿伦茨（Angela Ahrendts）在她上任的头六个月中将大部分时间用于访问40个不同的市场，与她的新同事们打交道。随后，她总结说，苹果公司的成功主要归功于它强有力的文化——它致力于用自己的努力改变人们的生活，并让世界更美好。这些都是高大上的词汇，但是在阿伦茨看来，这些词汇描述了新东家的精髓之处。苹果公司最令阿伦茨感到惊讶的就是它强大的文化，这种文化直到她加盟之后才完全领会到。[35]

学术研究强调了带着目的工作的重要性。任教于耶鲁管理学院（the Yale School of Management）的艾米·沃尔岑斯涅夫斯基（Amy Wrzensniewski）调查了人们对其工作意义的看法。[36]她发现，大多数人将工作视为赚钱的一种手段。他们仅仅是被雇干活的员工。但是，她所调查的超过三分之一的人认为他们工作是为了更高的目标。所谓的更高的目标包括帮助消费者或者造福社会等。她发现，将工作视为一种使命的人往往对自己的工作更加满意，工作时间更长，也更少休假。其他研究发现，如果主管们越是强调工作中更深层的意义，那么其员工对公司的奉献精神就会越强，跳槽的可能性就会越低。[37]简而言之，他们认为自己的公司不仅仅是一个企业，他们干的不仅仅是一项工作。

　　书中所写的这些公司的领导者们都符合上述所说的"痴迷"的三种形式。他们不懈地专注于他们的工作和产品。他们热爱公司，将他们所创造的公司文化视为他们最大的成就。他们努力地影响着社会，希望在这个世界上"留下印迹"。[38]这三种痴迷的品性都是十分重要的，而当它们被结合在一起时常常会产生更高的效率。如果领导者和团队只是痴迷于他们的工作，而忽视对公司和社会的责任，那么就存在自我毁灭的风险。相反，包含工作、公司和社会三者的"痴迷精神"则会是一种优良的品质。

　　比如说，伊冯·乔伊纳德关心环保和公司产品的质量。作为一个领导者，他不是特别具有个人魅力，但是他对于环保和产品质量的信念和为之努力的意愿是不可动摇的。如果他仅仅专注于自己的产品，巴塔哥尼亚公司可能会是一个好公司，但不会是一个伟大的公司。

EXTREME TEAMS | 极限团队

痴迷与某些人所说的"执着"十分相近,执着也即"对于某种任务的高度责任心以及为了完成任务不懈地付出"。[39]"执着"是"痴迷精神"——至少是它积极的那方面——在行动上的体现。对执着的研究首先试图弄清为何有些人成功了,而另一些人失败了。宾夕法尼亚大学(University of Pennsylvania)教授安吉拉·达克沃斯(Angela Duckworth)在这一领域进行了前沿性的研究,她研究了具有不同背景的人——包括来自军队、学校和企业。她发现,除了智识和社会认知之外,判断能否成功的一个重要的指标就是"执着"。[40]她的研究发现,大有成就的人之所以成功,部分原因在于他们能够更好地克服追逐梦想的过程中产生的不可避免的障碍和挑战。[41]值得注意的是,执着不仅是"固执",它同样意味着对更高目标的高度使命感。因为成功不仅仅在于当别人放弃时,你还能继续坚持;它同样意味着"处心积虑"地去实现自己的目标。研究结果表明执着的人在投身于伟大的事业时,如果面临不可避免的障碍,他们往往更加坚韧。

对"执着"的研究主要聚焦于员工个人层面——其思想与行为。然而,对于合作来说,团队层面的执着精神更加重要。任何复杂而具有挑战性的工作几乎都会要求由一个团队或是多个团队配合来完成既定的目标。团队成员以一种能够增强对共同目标的责任感和保持实现目标的积极性的方式相互鞭策。一个活生生的例子就是爱彼迎公司在早期所遇到的一个租房安全问题。旧金山的一间出租房遭到了一个爱彼迎用户的洗劫，房东的个人财产被偷窃。房东在网上发帖公布了事件的来龙去脉，其中也写到了在这起事件发生之后她与爱彼迎员工的交涉过程。这个帖子迅速传播开来，甚至上了媒体的头条，同时也引发了部分房主对允许陌生人入住的担忧。爱彼迎对于处理这样的危机并没有准备。当时，该公司设有一条客户热线——每天只查看一次答录机。可它却没有专人管理这类问题，也缺少正式的方案来处理相关事项。结果，爱彼迎的回应缓慢而低效，没有满足受害用户的要求。公司 CEO 布莱恩·切斯基认为此事成了"危机管理的一堂速成课……我们无力解决问题，而在过去的四周里，我们把事情搞砸了"。[42] 他说："我们应该更加快速地回应，更具关怀地与这位用户沟通并果断采取行动确保她感到安全……但是我们对这场危机毫无准备，犯下了错误。现在我们要自食其果了。"[43] 在这次的错误之后，爱彼迎组织了一个团队专门制定和执行解决各种问题的措施，这些措施包括将负责安全问题的员工增加了一倍（现在这个团队已经有了 600 人）以及出台了一个 100 万美元的房东保障项目（为租户破坏房子的行为提供补偿）。爱彼迎在这些年还采取行动为房东和房客提供更多彼此的信息，以便使他们更加安心。公司的安全流程还在继续发展，现在已经包含了对租房者身份信息的核实以及房东与房客的用户评价等。在这起事件中，爱彼迎展现了其执着的精神，以此次危机为契机降低未来的不良事件所带来的风险，从而强化了与用户之间的互信。

具有痴迷特质的团队会比普通的团队同时具备更大的优势和劣势。要享受好处，就必须承担风险。

这些团队可能会专注于错误的事情。有着痴迷精神的团队所专注的事情并不必然是正确的。比如，很多团队会专注于短期的成绩，特别是季度财政目标。这本身没有错。但是它们会因为追求这个目标而影响维持长期增长所需要的举措和投资。这样的团队同样可能专注于不可能完成的任务，以至于浪费了大量的时间和资金。它们会忽视有用的数据和反馈，顽固而不懂变通地推进工作。它们会拒绝尽早掉头。而且这些团队可能都是完美主义者，难以理解商业和生产中的诸多权衡折中，于是它们会因此难以按时完成任务，预算超支的情况也时有发生。它们还可能因为不合理的需求和超长的工作时间而使团队成员精疲力竭。

过于关注工作的团队还可能缺乏情感共鸣，这会导致团队内的关系，以及该团队与其他团队的关系出现问题。这些团队的成员仅仅专注于实现自己的目标，而缺少在公司生存所需要的感情和政治技巧。

这些团队还有可能会认为公司高层对它们所取得的成绩抱有敌意，从而疏远那些能够为它们提供支持的人。

上述这些都是"痴迷"所带来的潜在问题。这也是很多公司不愿意它们的员工和团队过于痴迷的原因。但是比起这些，更糟糕的问题是，公司里的员工只是简单地完成他们的工作——尽管他们可以做得很好。做大事就需要痴迷的精神。中庸不会在商业上带来成功。

小　结

优秀的公司有一群具有痴迷精神的员工和团队。

他们将工作看作一项使命——而不仅仅是一种工作。团队成员围绕一个更高的目标来塑造其共同的思想和行动。

他们的痴迷特质既有利又有弊——可能会帮助他们取得非凡的成就，也可能带来毁灭性的后果。

注 释

◆ 1 · Noted in Yvon Chouinard, Let My People Go Surfing: The Education of a Reluctant Businessman (New York: Penguin Books, 2006)

◆ 2 · Chouinard hates the concept fashion for two reasons: it encourages people to value style over substance and it suggests that clothing is disposable. See John Swansburg, "Where Fashion Is the F-Word," Slate, March 15, 2012.

◆ 3 · Emily Rabin, "Don' t Get Mad, Get Yvon," Greenbiz, October 28, 2004, www.greenbiz.com/news/2004/10/28/dont-get-mad-get-yvon.

◆ 4 · Estimated 2015 Patagonia revenue based on a 2013 company report listing revenue at that time and then extrapolating a projected growth rate of 15 percent a year.

◆ 5 · Edward O. Welles, "Lost in Patagonia: Yvon Chouinard' s Ambitious Social Mission," Inc., August 1, 1992. The company, after reaching $100 million in sales, reduced its workforce by 20 percent—letting go of friends and friends of friends, in Chouinard' s words. The company planned on 50% growth but, because of a recession, achieved 30% growth.

◆ 6 · Robert Bruce Shaw interview.

◆ 7 · See the Patagonia Annual Benefit Corporation Report, Fiscal Year 2013. The firm states that its goal is to cause no unnecessary harm to the planet by continually seeking to reduce "the impact of its operations in water use, energy use, greenhouse gas emissions, chemical use, toxicity and waste." www.patagonia.com/pdf/en_US/bcorp_annual_report_2014. pdf.

◆ 8 · The ad reads, "The most challenging, and important, element of the Common Threads Initiative is this: to lighten our environmental footprint, everyone needs to consume less. Businesses need to make fewer things but of higher quality. Customers need to think twice before they buy." www.adweek.com/news/advertising-branding/ad-day-patagonia -136745.

◆ 9 · Chouinard, Let My People Go Surfing: The Education of a Reluctant Businessman, Loc 320 on ebook.

◆ 10· A colleague noted that Chouinard had such a strong focus on quality that it resulted in ignoring other business considerations. "I remember when we'd get shirts back with the buttons fallen off. Yvon would be ripped. You wouldn't want to be around him when those shirts came in. . . . He's a tyrant on that stuff—to the point of saying, 'I don't care what it costs, as long as the buttons don't fall off,' even if that meant sales went from 10,000 to 5,000 units. What was important to him was that the 5,000 units out there be fantastic." Edward O. Welles, "Lost in Patagonia: Yvon Chouinard's Ambitious Social Mission" Fast Company, August 1, 1992

◆ 11 · Chouinard applies quality to every element of how the company functions. He notes, "I don't think it's possible to make a great quality product without having a great quality work environment. So it's linked— quality product, quality customer service, quality workplace, quality of life for your employees, even quality of life for all living things on this planet. If you miss any one piece, there's a good chance you'll miss it all." (Presented at the Conference on Corporate Citizenship, Georgetown University, Washington, D.C., May 16, 1996, clinton6.nara.gov/1996/05/1996-05-16-white-house-conference-on-corporatecitizenship.html.)

◆ 12 · Josh Barro, "Sorry, but Your Favorite Company Can't Be Your Friend," New York Times, December 11, 2015.

◆ 13 · "Why Evil Is Better in Business (or Is It?)," Inc., March 2016, www.inc.com/ magazine/201603/inc-staff/kevin-oleary-adam-lowry-debate-missionvs-profit.html. Milton Friedman says the same when he maintains that "the business of business is business."

◆ 14 · Alexandra Jacobs, "Happy Feet: Inside the Online Shoe Utopia," New Yorker, September 14, 2009. Zappos is now owned by Amazon, which has a very different culture. It will be interesting to see if Zappos becomes more like Amazon over time.

◆ 15 · Andrew Stanton, director of Finding Nemo, commented on the pressure to do a sequel: "I was always 'No sequels, no sequels.' But I had to get on board from a VP standpoint. [Sequels] are part of the necessity of our staying afloat, but we don't want to have to go there for those reasons. We want to go there creatively, so we said [to Disney], 'Can you give us the timeline about when we release them? Because we'd like to release something we actually want to make, and we might not come up with it the year you want it.'" That said, Pixar has made a number of sequels— most of them of very high quality. See Rebecca Keegan, "With 'Despicable Me 2' and More, Movies Revisit the Sequel Debate," Los Angeles Times, July 5, 2013.

◆ 16 · Walt Disney said, "I don't make movies to make money—I make money to make movies." Quoted in Hayagreeva Rao, Robert Sutton, and Allen P. Webb, "Innovation Lessons from Pixar: An interview with Oscar-Winning Director Brad Bird," McKinsey Quarterly, April 2008.

◆ 17 · Steve Denning, "Making Sense of Zappos and Holacracy," Forbes, January 15, 2014. A more detailed description of the approach can be found at Ethan Bernstein et al., "Beyond the Holacracy Hype," Harvard Business Review July–August (2016). We will not know for few years if the approach will work at Zappos. My sense is that some elements of it will be retained by the company but it will not survive in its current form due to the complexities of making it work. Another possibility is that it remains as long as Hsieh remains CEO—but is abandoned, in large part, after he departs.

◆ 18 · There is some debate about the number and cause of employee departures at Zappos. The leadership believes that at least half of the turnover in 2015 was due to people pursuing their personal goals and taking an offer to leave the company (which could be as much as a year's salary depending on an employee's tenure). The leaders also state that the normal turnover in the firm is about 20 percent (indicating the additional turnover in 2015 was only 10 percent). A second reference suggests that 18 percent of the employee population took the company's buyout offer in 2015, with 6 percent citing holacracy as the reason they were leaving. See Gregory Ferenstein, "The Zappos Exodus Wasn't About Holacracy, Says Tony Hsieh," Fast Company, January 19, 2016. Also see David Gelles, "The Zappos Exodus Continues After a Radical Management Experiment," New York Times, January 13, 2016.

◆ 19 · See Joseph B. Lassiter and Evan Richardson, "Airbnb," Harvard Business Review, September 28, 2011. Also see Max Chafkin, "Airbnb Opens up the World," Fast Company, February 2016.

◆ 20 · Merriam-Webster's definition of obsession: "A state in which someone thinks about someone or something constantly or frequently especially in a way that is not normal; someone or something that a person thinks about constantly or frequently; an activity that someone is very interested in or spends a lot of time doing."

◆ 21 · "What It Takes to Be As Great As Elon Musk, Steve Jobs, or Richard Branson," Inc. Aug 31, 2015

◆ 22 · See Geoff Colvin, (New York: Portfolio, 2008).

◆ 23 · Andre Agassi, (New York: Vintage, 2010).

◆ 24 · See the group's website, www.workaholics-anonymous.org/.

◆ 25 · Xiao-Ping Chen, "Company Culture and Values Are the Lifelines of Alibaba: An Interview with Jack Ma, Founder and Executive," Executive Perspectives, August 2013, www.iacmr.org/V2/Publications/CMI/LP021101_EN.pdf.

◆ 26 · Graham describes the best founders as being cockroach like—in that they will survive anything, including a nuclear winter, while others perish. See Airbnb,

"Conversation with Paul Graham," YouTube. www. youtube.com/watch?v=nr-WavoJsEks.

◆ 27 · "Innovation lessons from Pixar: An interview with Oscar-winning director Brad Bird," McKinsey Quarterly Hayagreeva Rao, Robert Sutton, and Allen P. Webb. April 2008.

◆ 28 · Anthony Lane, "The Fun Factory: Life at Pixar," New Yorker, May 16, 2011. Jon Michaud, "Animated by Perfectionism," New Yorker, May 16, 2011. "Snow White was finished in a panic, and years later Disney was still fretting over the shortcomings of his heroine . . . the wobbles in her construction. 'The bridge on her nose floats all over her face,' he said. He became an industry, but the one thing that links the industrialist, whatever the product, with the auteur, whatever the form, is obsessive pedantry—the will to get things right, whatever the cost may be."

◆ 29 · "Lessons on Culture and Customer Service from Zappos CEO, Tony Hsieh," New York Times. January 9, 2010.

◆ 30 · Brian Cheskey, "Don't Fuck up the Culture," Medium, April 20, 2014, medium.com/@bchesky/dont-fuck-up-the-culture-597cde9ee9d4#. sncu86iwl.

◆ 31 · Jack Ma, in a letter to his employees, whom he calls the Aliren, noted, "We believe only a group of people who are passionate about the companyand are mission-driven will be able to protect the company from external pressure from competition and temptation to seek short-term gains." Juro Osawa, "Softbank, Yahoo Support Alibaba's Partnership Structure," Wall Street Journal, September 26, 2013.

◆ 32 · Paul Graham, a venture capitalist, notes, "The startup founders who end up richest are not the ones driven by money. The ones driven by money take the big acquisition offer that nearly every successful startup gets en route. The ones who keep going are driven by something else. They may not say so explicitly, but they're usually trying to improve the world. Which means people with a desire to improve the world have a natural advantage." Paul Graham blog, November 2014. paulgraham.com/mean. html.

◆ 33·The Anarchist's Cookbook. Charles Fishman. Fast Company, July 1, 2014. Justin Fox. The HBR Interview: What Is It That Only I Can Do? Harvard Business Review. January–February 2011.

◆ 34 · Paul Graham observes, "It's unlikely that every successful startup improves the world. But their founders, like parents, truly believe they do. Successful founders are in love with their companies. And while this sort of love is as blind as the love people have for one another, it is genuine." Paul Graham blog. Paulgraham.com/mean.html.

◆ 35 · This higher purpose doesn't mean that Apple hasn't made mistakes over its history, outsourcing its manufacturing to plants that operated in a manner that calls into question some of its treatment of employees.

◆ 36·Amy Wrzesniewski, C. R. McCauley, P. Rozin, and B. Schwartz, "Jobs, Careers, and Callings: People's Relations to Their Work," Journal of Research in Personality 31 (1997), 21 - 33.

◆ 37 · Rachel Feintzeig, "I Don't Have a Job: I Have a Higher Calling," The Wall Street Journal, February 24, 2015. "[A] survey by the company found that employees whose managers talked about KPMG's impact on society were 42.4% more likely to describe the firm as a great place to work. Of those with managers who talked up meaning, 68% indicated they rarely think about looking for a new job outside KPMG; that share fell to 38% for employees whose managers didn't discuss meaning."

◆ 38 · Jason Snell, "Steve Jobs: Making a Dent in the Universe," Macworld, www. macworld.com/article/1162827/steve_jobs_making_a_dent_in_the_ universe.html.

◆ 39 · Paul Tough, How Children Succeed: Grit, Curiosity, and the Hidden Power of Character (New York: Houghton Mifflin Harcourt, 2012), 74.

◆ 40 · Angela L. Duckworth, "Grit: The Power of Passion and Persever-ance," TED Talk, May 2013, www.ted.com/talks/angela_lee_duckworth_the_key_to_ success_grit/transcript?language=en. In this talk, she summa-rizes her findings: "I started studying kids and adults in all kinds of super challenging settings, and in every study my question was, who is successful here and why? My research team and I went to West Point Military Acade-my. We tried to predict which cadets would stay in military training and which would drop out. We went to the National Spelling Bee and tried to predict which children would advance farthest in competition We partnered with private companies, asking, which of these salespeople is going to keep their jobs? And who's going to earn the most money? In all those very different contexts, one characteristic emerged as a significant predictor of success. And it wasn't social intelligence. It wasn't good looks, physical health, and it wasn't IQ. It was grit."

◆ 41 · Angela L. Duckworth, Christopher Peterson, Michael D. Matthews, and Dennis R. Kelly, "Grit: Perseverance and Passion for Long-Term Goals," Journal of Personality and Social Psychology 92 (2007), 1087–101. For a critical view of the grit concept, see David Denby, "The Limits of 'Grit,' " New Yorker, June 21, 2016.

◆ 42 · Airbnb "Our Commitment to Trust and Safety," blog.airbnb.com/ourcommitment- to-trust-and-safety/.

◆ 43 · Ari Levy, "Airbnb Offers $50,000 Guarantee After User's Home Is Trashed," Forbes, August 1, 2011.

第三章

适合比能力更重要

选择最合适的员工，而不是最好的员工[1]

捷步达康所招聘的每个岗位都有超过 100 名应聘者，这种情况令人羡慕。[2] 服装业的电商公司要找到合适的人选通常需要数月之久，甚至数年。

捷步达康进行招聘的最新筛选流程首先要求人们加入一个叫"捷步达康内部圈"（Zappo Insiders）的网络社区。公司会派"代表"帮助那些在该网络社区内注册的人，帮助判断他们是否应当向公司应聘工作。[3] 公司的员工在网上同潜在的应聘者进行接触，回答有关公司和公司文化的问题。必要时，这些"代表"还会在拉斯维加斯（Las Vegas）公司总部附近的餐馆、酒吧和公司的社交活动中与应聘者们见面。

招聘程序的第二步是人事经理及其团队成员对应聘者进行正式的面试，以判断应聘者是否具备岗位所需要的技能。

入围的应聘者会参加人力资源部门的其他工作人员的第二次
面试，这次面试的目的是判断应聘者与捷步达康的公司文化
是否契合。参加上次面试的人事经理将不再参加这次的面
试，以避免出现"晕轮效应"——当一位应聘者的技术能
力十分出色，以至于别人会想当然地认为他在不相关的领域
（比如他的价值观）的能力也很强。是否雇用一名应聘者，
一半取决于他的能力，另一半取决于他是否适合公司的文
化。那些具有出色的简历却不认可公司价值观的人将不会
被录用。

　　捷步达康明白，找到合适的人选要花费很长时间，拒绝
那些技术出色但不适合公司文化的人在短期内是不讨好的，
空缺的岗位会影响公司实现短期的业绩目标。[4]但相比于季
度目标，捷步达康更加看重公司的文化。

　　捷步达康会通过向应聘者提问来评估他们是否适合公
司文化。在面试中，公司的每条价值理念都会至少衍生出
一个问题。[5]比如说，会有一系列问题涉及应聘者们以服务
赢得客户的能力。捷步达康的一个重要的理念就是为消费
者提供优质的服务，它要确保新员工与它"志同道合"。这
方面的问题包括"在工作中你所受到的最好的表扬是什
么？""在工作中，有没有虽然不为人知，但令你自己感到
骄傲的事情？"公司还设计了一系列问题来考验应聘者是否

"有趣、搞笑"（这是公司的另一条重要理念）。应聘者被要求在 1 分到 10 分的范围内为自己的搞怪程度打分，并被要求谈一谈最近他们所做的搞怪的事情。捷步达康认为，工作应该是有趣的，和搞怪的人在一起会更有意思。应聘者是否搞怪并不是很多公司所关心的，而捷步达康在严肃地构建有趣的工作环境。

捷步达康也会在其他方面对应聘者进行评估。当应聘者初次造访公司大楼时，该公司就开始观察他们怎样与人打交道。表现不符合公司价值观的人不会被招进公司。有的应聘者虽然与公司的岗位需求十分匹配，但是由于他们对在机场接机的公司班车司机态度粗鲁，因此而遭到了公司的拒绝。

通过重重考验的应聘者还会被要求参加为期四周的培训项目，该项目主要是为了让他们理解和接受企业的价值观。培训还要求应聘者们在公司的客服中心待一段时间，处理消费者的订单。公司要求，不论应聘的职位高低，公司新人都必须参加新员工培训。有一次，公司花了一年半时间找到了一位合适的高管，但是仅仅在他到任的数周之后就将其解雇。这位新任高管犯了一个错误，他认为新员工培训对他而言是"可选项目"。在两次迟到之后，他遭到了解职。他表示，他并不明白公司对于这些文化理念是十分严肃的。[6]

在这次培训之后，公司还会给新员工一个选择的机会。每位新员工都会被问到他们是否想要离开公司，如果选择离开，公司会给他们一笔钱。此举旨在保证，留下的员工都是全心投入的人。现在，这笔钱逐渐增加到了大约 2000 美元。[7] 捷步达康称，只有 2% 的新员工选择拿钱走人，不过这能够确保选择留下的 98% 对公司的责任感。他们选择与公司在一起，抵制了金钱的诱惑。

公司或团队的文化越是浓厚、越是独特，员工是否适合这种文化就越是重要。[8] 这也是为什么像捷步达康和巴塔哥尼亚公司在起步阶段只雇用创始人的朋友们。这些前沿公司对于其所信奉的东西十分热忱，同时也有着特殊的运营方式——因此，它们并不欢迎那些有悖于其世界观的人。巴塔哥尼亚希望雇用那些积极参加攀岩、冲浪等运动的人（也就是它所说的"邋遢鬼"）。那些喜欢静坐在家中看电视，或者对环保问题毫不关心的人在巴塔哥尼亚会显得格格不入。公司的创始人说："这是一种独特的文化，格外独特。不是每个人都适合在这里工作。我发现，相比于录用生意人然后把他们变成'邋遢鬼'来说，教'邋遢鬼'做生意是一件更加容易的事情。"[9] 巴塔哥尼亚公司相信，技术和专业技能是可以教的，但是对户外生活的热爱是发自内心的，因此这是公司的筛选标准之一。如果非要做出选择，那么这些公司宁可雇用那些非常适应公司文化，但在才能上稍逊一筹的人。[10]

　　一位领导者的工作在很大程度上是雇用并激励正确的人来完成某项任务。评估他人才能的能力，以及判断他们是否能够通过合作完成既定目标的能力更多地像是一种艺术而不是科学。我在咨询工作中发现，不同领导者判断人才的能力各不相同。有些领导者更善于评估人才的现有能力及其未来的发展潜力。在判断人才在一个团队里能否精诚合作、能否与人打成一片这方面，不同领导者所具有的能力也不相同。所有重要的工作都要求有才能的员工——能够合作实现目标——来完成。如果领导者没有做好这项工作，为了使团队运转更加高效所付出的努力就会以失败告终。优秀的公司和团队所能提供的经验就是，在招聘时，对文化上的适合度是一个重要的因素。领导者同样要制定正式和非正式的措施使各级管理人员在招聘时遵循同样的标准。

　　谈到适合公司文化的重要性，这就引发了一个问题，那就是如何定义"文化"。对"文化"最简单的定义就是，"公司里做事的方式"。在生存和成长的过程中，每个公司都发展出了独特的思维和行为模式。但是，正如学者艾德·沙因（Ed Schein）所说，这些行为模式要比公司的日常事务更加复杂。这些模式基于公司更深层的——特别是对团队成功所需条件的——设想。奈飞的企业文化认为，拥有最好的人才的公司或团队才能够取得最好的成绩，并且赢得市场。这看上去是不证自明的，但是其他拥有不同企业文化的公司则有着不同的设想。有的公司相信，有着完善流程或是最先进技术的公司才能取得最好的成绩。

如果把应聘者的简历看得比其是否适合公司文化还重要，那么会产生一些风险。

首先，不能完全接受公司使命以及公司运营方式的员工，在大多数情况下不太可能为了公司和团队的成功而竭尽全力。其结果就是，团队会变得不那么全身心投入，原本所带来的优势会丧失，至少会减少。要求新员工适合公司的文化会成为一项艰巨的任务，特别是在公司不断发展，规模达到数百人以上时。那时，公司需要人手助其发展，达到短期目标，因此对人才的筛选也不再那么严格。随着公司的发展，领导者也需要在其他问题上投入更多精力，考核应聘者这样的事情就自然而然变得不那么重要。

第二，更加极端的情况是，不适合公司文化的员工会侵害这种文化。大家更多讨论的是雇用一个符合公司文化的人能带来什么样的结果，但是有时，那些不适合公司文化的员工所造成的影响会更加巨大。[11] 例如，捷步达康公司致力于创建一个积极的工作环境，身在其中的员工相信公司的目标，也就是为世界创造更多快乐。而那些愤世嫉俗的人可能会认为，对于企业来说，"创造快乐"是一种不恰当也不现实的目标，那么这样的人就会通过学术界所说的"情绪感染"影响其他人。研究已经证明，这样的员工会通过其态度和行为对其他人造成消极影响。[12]

第三，不适合公司文化的员工更可能雇用同样与公司文化不相容的人。而这些人也更能容忍有悖公司文化价值和规范的行为。用错人不仅仅是一项糟糕的人事决策——雇用不适合公司文化的人会将公司文化置于更大的危险之中。

最后一种风险在于，与公司文化存在差异的员工无法在相应的公司文化中完成工作。刚刚加入公司的员工有时候会因为不明白新公司的文化如何发挥影响，抑或是低估了企业文化的作用而面临困境。当然，这并不是说，新近加入的员工就应该墨守成规或者安于现状；而是说，想要有效地开展工作，就要对公司的文化有所认识和理解。耐克（Nike）多年前曾在公司外招聘了一位 CEO，这成为了因公司文化而导致失败的一个例证。威廉·佩雷斯（William Perez）在来到耐克前已经为前东家效力了 20 多年，且有着极强的能力。但是，他在耐克 CEO 的岗位上仅仅"坚持"了 18 个月，其中一部分原因在于要适应耐克浓厚的公司文化对他来说太难了。 他的下属们从来没有支持过他。 虽然贵为 CEO，但是在他们的眼中，佩雷斯一直是一个"局外人"。[13] 这样的问题在公司各个层级的新员工中都是存在的。适应文化对于影响其他人，并得到他们的配合至关重要。就算是被当作"促变者"引入公司或团队中的人也常常会因不适合企业文化而遭遇失败——他们因为不了解如何在他们所要改变的文化中运作，最后功败垂成。

　　在公司初创时期，是否适合公司文化对公司和团队来说格外重要。 初始的团队成员所定下的基调会影响后来者，因此初创团队的成员对于正在形成中的公司文化有着巨大影响。 所以，在挑选初创团队的成员时往往需要格外注意，必须确保录用的人能够体现领导者希望在团队中看到的东西。 爱彼迎的创始人兼 CEO 布莱恩·切斯基花了很多时间来挑选公司的第一批员工。 他在雇用一名工程师前花了五个月时间浏览了数千封简历，进行了数百次面试。 他对此做出了解释：

　　　　有些人问我，你招聘公司的第一个工程师为什么花了那么久。 我认为，公司的第一名工程师就好比公司的一个基因芯片……如果我们成功迈出第一步，那么公司里就会有成千上百个像他／她一样的员工……我需要考虑更加长期、更具持久性的问题，也就是，我愿意和许许多多这样的人一起共事吗？[14]

切斯基不只是在雇用第一个员工时这样做，他以这样的方式——不停筛选简历，进行面试——雇用了公司前300位员工。他所寻找的是被他描述为"传教士"的人，这些人对公司的使命深信不疑。切斯基用来判断一个人是否拥有这种特质的问题是"如果你还能活10年，你会干这份工作吗？"。一位爱彼迎的员工在谈到有关公司文化的问题时，表明了招聘对公司及其崇高的目标深信不疑的员工有多么重要：

> 爱彼迎确实只雇用那些对其产品、未来充满热忱的人。你可能在智力、经验和技术等方面都十分优秀，但如果你对我们所做的无动于衷，那么公司也不会雇用你。我认为，这是我们同其他公司的不同之处，也保证我们能够对公司的未来百分之百地投入——不仅仅是在财务方面。[15]

奈飞前人力资源主管讲述了该公司是怎样在发展初期极

力强调雇用"真正的信徒"的："以下就是你对公司最早的
100 名员工的要求：在经济条件允许的情况下最有才能的
人，工作努力的人，信任公司的人……最后一点比前两点
更加重要。这不仅仅需要热情……员工必须信任公司。"[16]

　　在招聘员工的过程中，对适合公司文化这一点过于注重
也会有一些潜在的负面影响。一个将适合公司文化看得比
经验或能力更重要的团队可能难以找到必要的人才。这样
一来，结果可能是，整个公司的人能够通力协作，也有着共
同的价值观，但是他们都没有为公司占领市场所需要的技
能。在招聘或提拔员工时，大多数公司，其中也包括优秀
的公司，会在考虑他们是否适合公司之前，先就员工的能力
设定一个门槛。但问题是，当公司需要一位才能卓越、远
超公司设定的能力门槛的员工——有可能是在对公司的成
功有着关键作用的某一个领域（例如财务和物流等）的顶
尖人才——时，它们会怎么办？招一个既有顶尖才能又适
应公司文化的人，这样回答最简单。但是，在现实中，符
合该条件的人少之又少。于是问题就变成了，公司会在才
能和文化之间做出怎样的妥协？优秀的公司更不太可能在文
化上妥协，而与之相反，传统的公司更可能在文化上妥协。
这些公司甚至不会在招聘决策中考虑应聘者是否适合公司文

化，或者说它们会因为应聘者能力出众而无视他们与公司文化的差异。

将适合公司文化看得比经验更重要还会带来一个风险。一个公司或团队可能会变得出奇一致，只招收那些与其独特风格相适应的人。"是否适合公司文化"这样一条标准如果处理不当，不符合各公司理想员工模板的人就有可能被全都排除出去。在其他条件相同的情况下，一个集体或团队中成员间存在的差异能够增强团队应对风险的能力。[17]优秀的公司防止过度同质化的方法就是，在首先确保员工对公司目标和核心价值的认同后，鼓励员工在背景、思想和风格上的差异。皮克斯就十分愿意冒险接纳与公司现有人员大不相同的人。皮克斯甚至故意招收那些对皮克斯行事作风知之甚少的人。这样做的目的是，雇用一些会挑战公司现状的人，以使公司更加强大。导演安德鲁·斯坦顿在进入皮克斯指导电脑动画《海底总动员》之前甚至都没有碰过电脑。但是，斯坦顿认同皮克斯的核心价值——最重要的是优秀的故事叙述和一个有凝聚力的团队。有了这些，他就能够为皮克斯带来新的看法和建议。

对公司文化的重视同样要求公司解雇那些逐渐变得不适合企业文化的现职员工。皮克斯会录用十分具有才华和创造力的人，但是他们必须在团队中工作。这并不是说公司不欢迎他们表达自己的看法。事实上，皮克斯喜欢那些能够对现状构成挑战的人。而在制作动画电影这一复杂而艰巨的过程中，团队合作要求他们与自己团队和其他团队的成员通力协作。该公司的 CEO 称：

> （在皮克斯）我们对古怪的人有着很高的容忍度，这里有很多人看上去很古怪……但是有一部分人很有创造力，却难以与人打交道，这些人会被要求离开公司。如果没有一个健康的集体，我们就没法很好地工作。[18]

在雇用适合公司文化的员工，也就是合适的员工之前，公司或团队首先应该明确它们所主张的价值观。多数大公司有一套定义其理想文化的价值观。打开公司的官网就能看到这些。积极向上，用词精湛。

但是这些价值观在某些方面存在不足。首先，很多公司的价值观太过普通，因此对公司员工及其行为没有多少影响。你会发现，很多公司都提倡正直、富有协作精神。但是什么样的公司或领导者会不希望员工正直、富有协作精神呢？为了让公司的价值取向更有意义，它们应当与公司的特殊使命相适应，且具有一些特殊性，应该让公司的价值观显得更为可信。比如说，巴塔哥尼亚公司所谓的"邋遢鬼"观念就格外契合公司的历史和使命。这成了公司的象征，没有其他公司会刻意想要雇用"邋遢鬼"。

第二个问题在于，对很多公司来说，一切对公司或集体重要的东西都会被它们收入自己的价值观中。[19]这样做的结果是，员工要么记不住冗长的价值观，要么就无法用它们来指导自己的行为（因为要遵从的东西实在太多了）。员工们难以将如此多的价值观内化，而在多项价值观发生冲突时，如何取舍也是一大困难。举例来说，有的公司追求业绩，但同样希望能够取悦客户。这两者通常是相向而行，但是有时也会发生冲突（有时候，满足客户的要求可能会造成巨大的消耗，影响公司的利润）。那么两者之间以谁为重？公司雇用人才，并希望他们在这种情况下能够做出正确的决定。但是，不同的员工和团队有各自更加看重的特定价值观，于是公司在价值观上的模糊性就会带来问题。宾夕法尼亚大学的研究人员安德鲁·卡顿（Andrew Carton）以医院为对象研究了这一问题。[20]他发现，如果医院高层对医院有着明晰的规划，那么医院的表现就会更好。公司不要列出太多价值观（不要超过4个），并要按照重要性对其进行排序。这样一来，员工在遇到与公司价值观发生冲突的情况时就有了判断的依据。

　　与此相关的一个问题是，有的公司的价值观过于抽象，员工不知该如何落实。公司的价值观应该表明公司对员工的期望——使用肯定用词（你应该做什么）和否定用词（你不应该做什么）。团队合作是很多公司都奉行的价值观，但是在具体实践中，团队合作在执行层面又该怎样表现？皮克斯告诉它的员工，公司里的任何人如果有什么问题或是想法，都可以和其他团队中的所有人自由交流，而无须上级批准。在这种情况下，团队协作指的是以开放和直接的方式跨团队进行交流（"无须批准，就可以同任何人交流"）。每个公司——在某些情况下也包括每个团队——都需要在具体的执行层面对其核心的少数价值观做出说明，它们能让员工明白公司期望他们做什么。

　　第三个问题是，公司没能把这些价值观同公司的目标或措施相联系。比如说，有的公司可能会宣称服务顾客重于一切，但是它没有把公司的目标与对客户的服务挂起钩来，也没有具体标准来衡量公司为客户提供的服务；或者，这个公司没有将服务客户的价值观同它的招聘、升迁和奖励措施结合在一起。在这样的情况下，公司的价值观非常具有抱负，但是没有后续跟进的措施将其落实。而本书所写的公司则都会在员工践行其价值观时对其进行奖励，而反之则对其进行处罚。在这方面，这些公司更倾向于通过员工对公司价值观的践行情况对其进行相应奖惩。重要的不仅仅在于取得成绩，如何取得这些成绩同样重要。

最后，也是最具破坏性的一个问题在于，有的公司会"说一套做一套"。也就是说，有的公司会确立一套文化理念，但是在实际的行动中遵照另一套理念。这些公司可能会声称人才是最重要的，却很少在吸引和培养人才方面投入时间和经费。[21] 最为明显的一个案例就是能源公司安然（Enron）。这个已经不复存在的公司有一整套价值观，而其中就包括"正直"。该公司声称要公开诚实地与客户合作。但是事实上它成了不道德行为——欺骗客户——的典型。这可能是一个极端案例，更普遍的情况是，有的公司会提拔那些作风与公司所声称的价值观相悖的员工。有的公司可能对业绩夸夸其谈，却提拔那些屡屡无法达到业绩目标的员工；或者，有的公司强调团队合作，却提拔那些业绩出色但不善于团队合作的人（向其他团队隐瞒信息、拒绝共享资源，或诋毁被其视为竞争者的同事）。

在招聘和提拔员工的过程中，采取"适合公司文化高于经验"的标准就要求公司能够明确，为它工作的员工需要具备的最重要的特质是什么。许多价值观都是很重要的，但是每个公司都应该挑出一个最重要的。

巴塔哥尼亚公司在招聘员工方面就经历了一个循环。该公司起初雇用的是创始人的朋友们，他们有着相同的信仰和生活方式。随着公司的成长，它越来越多地寻找一些具有传统的商业背景和特定技能的人（公司创始人将这样的人称为"MBA 型人才"）。但在许多这样的人才没能成功之后，公司又回到了最初的原点。它开始寻求与初创时的那批员工类似的人才——喜欢户外生活，热心环保事业。正如本书的最后一章中所提到的，它对核心理念的热忱能够被深切地感受到——简直是痴迷于此。与此相似，全食公司的员工要热爱天然食品；皮克斯的员工则需要喜欢讲故事；捷步达康的员工要以为消费者服务为乐。作为目标导向型的公司或团队，最大的好处就是你能够知道你对新员工有什么要求，同时也能够吸引志同道合的人。全食公司就在寻找那些致力于通过食品提高他人幸福感的员工。公司对此有着清晰的认识，这也让公司能够吸引那些与公司想法一致的人。全食公司的 CEO 说过：

> 越来越多的人才在想方设法来到这个公司。当我与团队成员们对话时，我问他们，你为什么来全食工作？他们会说，我做过功课，我希望在这样一家拥有如此价值观的公司工作。我渴望投入到更

崇高的事业中。²²

在这方面，优秀的公司和团队找寻的是那些在金钱和事业发展之外有着更高追求的人。他们是投身于公司使命的志士。

员工是否适合公司文化，还有两方面因素非常重要。正如第一章中所说，优秀的团队想要的是能够在成绩和关系两方面都达到极致成就的人。每个公司都对成绩和关系有各自不同的经营之道，但是殊途同归。皮克斯在考察应聘者是否具备取得良好业绩的能力时会问他们，过去是否在某一领域取得过优异成绩，可以与工作相关，也可以与私人生活相关（比如个人的爱好、某种运动等与皮克斯的业务无关的东西）。这样做的目的是找到那些在他们感兴趣的领域达到相当高水准的员工——公司相信，这些员工已经做到这一点并且体会过成为高手的感觉，他们在工作中也会如法炮制。皮克斯要的就是这些在某些领域达到高水平而且知道要如何为此付出的员工。在爱彼迎，公司的创始人也有着类似的思路，他们会要求应聘者谈一谈他们在过去所做过的特别的事情。该公司 CEO 称，在面试的过程中，他希望找到让一切皆有可能的梦想家。他说：

我让应聘者在 3 分钟时间内总结他们的人生。
我想知道那些对他们产生了巨大影响的重要决定和
经历。然后，我会想了解两到三件他们所做过的
最不平常的事。如果至今你还没有做过这样的事
情，那么你这辈子可能都不会做了。[23]

公司有许多方式可以筛选出善于处理关系的员工。
CCMP 资本主席格雷格·布伦纳曼（Greg Brenneman）经
常使用的一个办法是被人称为"同机测试"的方法。在面
试后，他会问自己：

我是否愿意和这位应聘者搭乘同一架飞机，与
他们一起飞跃大西洋？他们是容易相处的人吗？
你会愿意和他们在一起吗？我这样做是因为，我发
现，很多与其他人——从雇主、董事会成员、直
接上级到一起工作的同事——关系都不好的人，
他们都很难取得成功。你能够通过一些问题判
断出这些，比如"你喜欢做什么？你的爱好是什
么？"你也可以向应聘者的同事问几个问题，这样
很快能够对他们有一些认识。[24]

　　另一种不同的筛选方式是，问一问自己，当你加班到半夜时，你是否不愿意在走廊里遇到这位应聘者。那种情况下，你筋疲力尽，没有时间搭理难以相处的同事——你在努力完成一项困难的任务时绝对不想遇到这样的人。[25]

　　像捷步达康那样的公司会用更加直接的方式来评估应聘者处理关系的能力。他们会问应聘者："你觉得你更像'孤胆英雄'还是善于合作的人？你更倾向于哪一种？""你会在什么时候'为了团队利益而牺牲'——即便这并不是你的义务？"[26]还有的公司会就过去的成功经历提问，以排除自命不凡的应聘者。它们想要那些把自己的成功归功于集体的人（而不是把功劳都记在自己的账上）。如果应聘者在谈及他们最大的成绩时以"我干了……"或"我取得的成绩是……"开始他们的发言，那么这可能是一个危险的信号，说明他们过于以自我为中心。其他公司也会调查应聘者维系持久关系的能力。科技公司 Pegasystems 的创始人和高管艾伦（Alan）明白，公司内的关系对其业绩十分重要。为了评估应聘者维系关系的能力，他采取了如下方法：

　　　　要判断一个人是否能够做好直接与客服打交道的工作，只需要问一个问题。你让他说出几个在过往的工作中的同事……我会问得很具体，然后我会希望同其中的几个人聊聊。很多人没有关系如此好的同事。我发现这个问题能够很有效地判断应聘者是否善于处理关系——我认为这一点不仅在与客户打交道时十分重要，而且对公司内部的关系也很重要。[27]

问题的关键在于招到能与他人合作达到既定目标以及帮助在公司或团队中建立一种集体感的员工。我自己的一位客户认为，如果员工要非常好地合作，那么自知之明就很关键。他会在面试中让每一位面试者总结他们之间的对话。更加独特的是，他会在面试结束时问应聘者："我今晚回家之后会把这次会面告诉我的妻子，你觉得我应该跟她说些什么？"他这样做的目的是为了判断应聘者能否很好地理解自己对他人所产生的影响，抑或他们只能看到主观上希望看到的东西。这一问题基于一种设想，也就是，更有自知之明的人能够精确地认清面试中的形势，能够成功地同公司中的其他人维系好关系。

优秀的公司和团队在招聘过程中寻求的是符合以下三个特性的人：

1. 对公司更高的目标深信不疑：他们是否全身

心地支持公司的核心目标？对于公司存在的意义，
他们是否充满了热情？

2.取得成绩的能力：他们是否拥有以最高水平
达到必要目标的动力、性格和技能？

3.建立良好关系的能力：他们是否具备与团队
的其他成员及其他团队的成员建立紧密的工作关系
的能力？

每个公司和团队需要决定如何根据上述三条要求来筛选
应聘者——这会根据公司的不同以及每个领域对成功的不
同定义而发生变化。更为复杂的是，这一过程当中不仅仅
要评估应聘者是否具备必需的技能和特质，同时也需要评估
应聘者的每个特质同特定团队中的其他人是否"合拍"。不
同的任务所需要的合作程度不同，但是与其他人协作实现既
定目标是最为复杂的。公司招聘员工并不仅仅是让他们单
兵作战，而是将他们招至相关的团队中，而这个团队中有许
多拥有不同能力、价值观和作风的成员。这要求公司在招
聘时需要考虑团队的不同成员是否能够很好地合作。

把这些都包含进来，那么"适合公司文化"这一标准就
意味着团队的成员之间必须优势互补，必须培养出恰当的默
契，这样才能最大限度地实现团队的价值。然而这并不是

说，团队成员都是一模一样的。在团队中，对成绩和关系的重视必须掌握适当的平衡，以期产生最理想的结果。格外注重成绩的团队会因为拥有致力于推动内部关系的员工受益匪浅；反之，如果在注重关系的团队中增加几个更重业务的员工，那么团队也会因此受益。具有不同关注点的团队成员（包括领导者）会为整个团队带来它所缺少的东西；如若不然，团队只能自我强化、自我复制。[28] 但是，如果相应的员工对团队的成绩和关系并不在意，或其能力无法达到公司所设置的门槛，这样做所带来的好处就会丧失殆尽。果真如此，这样的人将不会被团队所接受，因为他们不具备在相关团队或公司取得成功应有的文化特质。

小　结

大多数公司通过应聘者的简历招聘员工——它们会评估应聘者是否具有相关岗位所要求的技能。

但是优秀的公司同样强调员工是否适合公司文化，甚至更加重视这一点。

在三个方面中，对公司文化的适应度是十分重要的：每个员工必须坚信公司更高远的目标；重视团队的成绩；重视关系。

最好的公司和团队在招聘和晋升中，为筛选出符合上述特质的员工制定了完善的流程。

注　释

◆ 1 · Jack Ma of Alibaba notes, "You should find someone who has complementary skills to start a company with. You shouldn't necessarily look for someone successful. Find the right people, not the best people."

◆ 2 · On average, other cutting-edge firms have an even higher ratio. Patagonia, for example, is reported to receive an average of 900 resumes for every job it fills. Steve Hamm, "A Passion for the Planet," Bloomberg Magazine, August 20, 2006.

◆ 3 · Zappos just did away with the online posting of open jobs. Now the online community Zappos Insiders manages the talent pool for open positions.

◆ 4 · Jessica Herrin, founder and CEO of the e-commerce apparel firm Stella and Dot, reinforces this point: "I want to hire missionaries, not mercenaries. The challenge, especially when you're growing fast, is to be incredibly fierce about your hiring filters. You have to commit to caring for the culture more than the quarter." Adam Bryant, "Corner Office," New York Times, December 13, 2015.

◆ 5 · See the firm's website for a list of its 10 values: deliveringhappiness.com/book/zappos-core-values/.

◆ 6 · Interview with Robert Bruce Shaw.

◆ 7 · Zappos HR Leader Interview with Robert Bruce Shaw. Also see Dick Richards, "At Zappos, Culture Pays," Strategy and Business 60 (2010).

◆ 8 · As suggested in this chapter, fit is essential in sustaining a firm's cultural attributes. That said, fit is also important in the satisfaction of those who work in a company or group. Research indicates an employee's fit with a firm's culture is a strong predictor of organizational commitment, job satisfaction, and retention. See Amy L. Kristof-Brown and Erin C. Johnson, "Consequences of Individuals' Fit at Work: A Meta-Analysis of Person-Job, Person-Organization, Person-Group and Person-Supervisor Fit," Personnel Psychology 58 (2005), 281–342.

◆ 9 · Patagonia's founder notes, "Not everyone wants to change the world, but we want a company to feel like home for those who do. Employees who are drawn to Chouinard Equipment, and later to Patagonia, either shared those values or did not mind working among those who held them." Yvon Chouinard, Let My People Go Surfing: The Education of a Reluctant Businessman (New York: Penguin Books, 2006), Loc 2065 in ebook.

◆ 10 · See Patagonia's Human Resources Director, "Case 4: Patagonia," Greenleaf Publishing Ltd, 1999, 17.

◆ 11 · See Michael Housman and Dylan Minor, "Toxic Workers," Harvard Business Unit Strategy Working Paper #16-057, www.hbs.edu/faculty/ Publication%20Files/16-057_d45c0b4f-fa19-49de-8f1b-4b12fe054fea.pdf.

◆ 12 · The research on toxic employees does not directly examine cultural fit. Instead, it looks at a range of beliefs and traits that increase the likelihood that an employee will behave in a manner that hurts his or her firm. The indirect findings, however, indicate that attitudes are contagious—that the more toxic employees there are in a group, the more others will follow their destructive behavior. The assumption is that the same is true in regard to those who fail to support a firm's culture and core values. Dylan Minor and Michael Housman examined the impact of toxic workers using a large dataset of nearly 60,000 workers across 11 firms in different industries. Michael Housman and Dylan Minor, "Toxic Workers," Working Paper 16-057, 2015.

◆ 13 · Phil Knight, the founder of Nike, remained chairman after Perez was hired as CEO and was a visible presence in the company. See Michael Barbaro and Eric Dash, "Another Outsider Falls Casualty to Nike's Insider Culture," New

York Times, January 24, 2006.

◆ 14 · Alfred Lin，"Lecture 10: Company Culture and Building a Team, Part I," Genius, genius.com/Alfred-lin-lecture-10-company-culture-and-building -a team-part-i-annotated.

◆ 15 · Glassdoor. Posted 7/15/2013.www.glassdoor.com/Reviews/Employee-Review-Airbnb-RVW2979155.htm

◆ 16 · Patty McCord, former human resources head of Netflix, quoted in "The Woman Behind the Netflix Culture Doc,"firstround.com/review/Thewoman- behind-the-Netflix-Culture-doc/.

◆ 17 · Karen A. Jehn, Gregory B. Northcraft, and Margaret A. Neale，"Why Differences Make a Difference: A Field Study of Diversity, Conflict, and Performance in Workgroups," Administrative Science Quarterly 44 (1999), 741 - 73.

◆ 18 · "Inside Pixar's Leadership," in Creative Thinking, Innovation, Management. scottberkun.com/2010/inside-pixars-leadership/

◆ 19 · This problem is found in some of the firms profiled in this book. Zappos, for instance, has ten values:

1. Deliver WOW through Service

2. Embrace and Drive Change

3. Create Fun and a Little Weirdness

4. Be Adventurous, Creative, and Open-Minded

5. Pursue Growth and Learning

6. Build Open and Honest Relationships with Communication

7. Build a Positive Team and Family Spirit

8. Do More with Less

9. Be Passionate and Determined

10. Be Humble See also: "See Diverse Teams Feel Less Comfortable—and That's Why They Perform Better., David Rock, Heidi Grant Halvorson and Jacqui Grey. Harvard Business Review, September 23, 2016.

◆ 20 · Andrew M. Carton, Chad Murphy, Jonathan R. Clark, "A (Blurry) Vision of the Future: How Leader Rhetoric About Ultimate Goals Influences Performance," Academy of Management Journal 57 (2014): 1544 - 70.

◆ 21 · Edgar H. Schein, Organizational Culture and Leadership (San Francisco: Jossey-Bass, 2010).

◆ 22 · Jessica Rohmanm, "Leading Culture During Rapid Growth: A Conversation with Whole Foods Market Co-CEO Walter Robb," Great Place to Work, www. greatplacetowork.com/storage/documents/interviews/gptw-whole_ foods_interview.pdf.

◆ 23 · Adam Bryant, "Brian Chesky of Airbnb, on Scratching the Itch to Create," New York Times, October 11, 2014.

◆ 24 · Adam Byant. "Can You Pass a C.E.O. Test?" New York Times. March 13, 2009.

◆ 25 · Tina Fey, comedian and executive producer of the TV show 30 Rock, describes her philosophy for hiring writers: "Don't hire anyone you wouldn't want to run into in the hallway at three in the morning . . . . We work long hours on these shows, and, no matter how funny someone's writing sample is, if that person is too talkative or needy or angry to deal with by the printer in the middle of the night, steer clear. That must be how I got through that first job interview. I was not dynamic, but at least I wasn't nuts." Tina Fey, "Lessons from Late Night," New Yorker, March 14, 2011.

◆ 26 · "How to Test a New Hire for Core Values," Inc. April 28, 2010

◆ 27 · Adam Bryant, "Your Opinions Are Respected (and Required)," New York Times, August 6, 2011.

◆ 28 · An interesting study examined the fit between a CEO's leadership style and the culture of the firm that he or she is leading. The authors found that the best outcomes occurred when a leader brought what his or her culture was lacking (e.g., a high results leader was beneficial to a relationship focused culture and a high relationship leader was beneficial to a task-focused culture). This is described in a new study as the positive effects of dissimilarity. I don't view this research as contradicting the need for cultural fit; instead, the findings underscore the need for both results and relationships within a firm or team. See "Do Similarities or Differences Between CEO Leadership and Organizational Culture Have a More Positive Effect on Firm Performance? A Test of Competing Predictions," Chad A. Hartnell, Angelo J. Kinicki, Lisa Schurer Lambert, Mel Fugate, and Patricia Doyle Corner. Journal of Applied Psychology. 2016, V. 101, #6, 846-861.

第四章

花更多精力做更少的事

敢于直面挑战，确定优先事项[1]

爱彼迎是全球最大的 P2P 住宿提供商。它每晚所能提供的房间比万豪（Marriott）和希尔顿（Hilton）加起来还多，这对于一个成立不足十年的公司来说是一大奇迹。[2] 2016 年，该公司迎来了第一亿名租客。[3] 在一场于旧金山召开的会议期间，两个年轻人（也就是公司的创始人）向参会者出租了他们公寓里的一个房间，这就是该公司的第一单生意，其背后并没有详尽的商业计划。公司的创始人主要是想通过出租房屋赚外快。而在此之外，他们萌生了一个大胆的想法。在许多房子和公寓中，有成千上万的房间被闲置，他们希望帮助人们出租这些房间，并通过互联网技术简化其过程。他们的想法基于一个大胆的设想——人们会愿意邀请陌生人住进自己的家里。为了让租用别人的房间变得像在万豪那样简单且没有风险，该公司的创始人创建了一个网站以展示房屋信息。而这家新公司因为其创始人第一次出租的房间中的充气床垫而得名。

公司成立之初，爱彼迎的创始人希望自己的公司能够提供比连锁酒店更便宜、更个性化的住宿。像很多的创业公司一样，它唯一关注的就是生存下去。公司的目标——如果存在的话——只是接下来两周需要做的事情。[4] 在几年之后，公司雇用了数百名员工，这时，爱彼迎的领导者们制定了一个包含许多重要目标的年度运营规划。该规划消除了一个快速发展的公司不可避免会遭遇的一些困惑，但是造成了一个新的问题——公司无法在如此多的优先事项上集中注意力并很好地分配资源。比如，爱彼迎同度假住宿租赁公司展开合作，作为中介向旅行者提供住宿；而与此同时，爱彼迎也培养了一大批直接向个人租用房间的用户。度假住宿租赁公司为爱彼迎提供了迅速扩张的机会，但是个体用户仍然是它的核心客户。两部分业务都很重要，而该公司则在为度假住宿租赁公司开发产品和服务方面投入了更多精力（考虑到短期利益）。这样做的代价就是，由于资源有限，在为直接用户所开发的产品和服务方面，公司所投入的精力就少了。其教训就是，当公司制定其优先事项时，并不是越多越好。

接下来的一年，爱彼迎将其目标进行了合理化的调整。公司为自己选择了四个目标和一些衡量成绩的标准。[5]所有这四个目标都被写在一页纸上，以期推进对公司的长期发展影响最大的那些项目。这张纸上罗列了公司的四个目标、完成时间以及相关的内部负责人。将公司的优先事项简化到一张纸上并不是一件容易的事情。公司的一个团队花费了5个月时间来确定公司的优先事项。制定10个优先事项比起确定4个优先事项要更容易，因为前者不需要做出艰难的抉择。但是，过多的优先事项与没有优先事项并无二致。每个公司或团队所拥有的人员、时间和资源都是有限的，因此它们应该专注于那些能够为公司的发展战略带来最多回报的领域。

确定优先级的一个难点在于这种做法所蕴含的风险。面面俱到、四面下注的做法能够分散风险。而只专注于少数优先事项则意味着它们最好是对的，同时也要求它们能够得到很好的执行。另外，这样一来，失败就会变得格外扎眼。爱彼迎近期专注于开发移动端应用，将此视为促进公司发展和满足用户需求的重要推动力。移动平台是否取得成功很容易评估（至少以用户来衡量是这样的），因此一旦结果无法达到预期，公司员工和投资人都会很容易发现。

　　通过公司的经历，爱彼迎明白了专注于至关重要的少数优先事项的重要性。起初，该公司这样做是因为它的资源有限，它必须专注于在时间和资源上能够负担得起的项目。而现在，爱彼迎所面临的问题恰恰相反，它有了足够的资源，足以让它落实所有好的想法。如今，公司所担心的问题是，它越来越少地专注于核心业务——优化租客和房主的体验，也不那么愿意为之投入。该公司的 CEO 将其称为"选择的困境"——这个问题发生在一个公司拥有大量资源以及能干的员工和团队之时。[6] 与没有足够的选择时一样，这个问题也给公司带来挑战。与此同时，爱彼迎也学会了要有效地向员工传达它所确定的优先事项。该公司耗费了大量精力来与它的员工进行沟通，包括公司的优先事项为什么重要，成功的标准是什么。这样做是为了让公司所有的员工能够明白对公司的成功起到关键作用的因素。然后，爱彼迎的每个员工和团队都被要求为支持这些优先事项建言献策。实质上，公司是在告诉员工："这是我们所要达到的目标及其原因。你要想想怎样在追求这些目标的过程中将自己和团队的价值最大化。"这种方法确保势在必行之事能够得到广泛的理解，同时也能够使公司基层保留对具体策略和决策的制定权。

爱彼迎还希望其员工能够思考如何最大程度地支持公司所构建的以归属感为核心的品牌。公司努力为其租客和房东带来一种亲身体验，即成为更大社群中的一员。[7]爱彼迎认为，人们渴望成为社群和团体的一部分，而不是希望待在没有人情味的旅馆中。为此，爱彼迎将用户的体验分为15个独立的步骤：最开始是用户在网站上寻找短租房间，然后是所谓的"关键时刻"（也就是租客首次来到所租用的房间），接着是在社区内闲逛等等，最后是在行程结束后提交其反馈。公司的领导者会不断地问员工和团队，他们正在从事的工作和所提议的计划，如何能在这些关键步骤中为用户提供最佳体验。因此，爱彼迎的员工了解公司的价值主张（为用户带来一种能够提升归属感的体验）以及公司每年三到四个重要的优先事项。管理者、团队和雇员都必须想清楚他们能够在哪些领域"添砖加瓦"以及怎样最好地实现目标。

同大多数公司不同，爱彼迎的管理者的职责并不是为其团队成员设定目标，或是告诉他们怎样经营。[8]实际上，公司的工程师也会参与到目标的制定和所有主要项目的规划。需要完成哪些工作、采取什么样的衡量标准，都由他们决定。该公司更进一步，允许员工能够自由地挑选他们所要参与的项目。[9]爱彼迎会鼓励其工程师更换团队，如果其他项目与他们的兴趣和技能更加契合。[10]公司采取这种举措是因为它相信，当员工参与自己感兴趣的项目时，他们能够做到最好，同时发挥最大的作用。如果能够认识到爱彼迎重体验胜于一切——更具体地说，就是希望提升用户和员工的体验[11]，那么这种做法就很容易理解了。自上而下的控制无法提升体验，也就是说无法构建集体。爱彼迎不会要求房东对房间做出什么改变或是如何装修这些民宿；它还允许房东拒绝租房给评分较差的用户。与之相似，该公司相信应该在工作中给予员工一定的话语权。它不会对员工如何为工作排序或如何实现目标指手画脚。它甚至不要求员工在特定的地点工作，公司员工可以换办公室，或选择他们心仪的区域"落户"。不过，公司的领导层会时时跟进特定团队和个人的工作对于公司的总体目标所提供的支持，通过这样做可以保证他们的努力能够为公司带来帮助。在目标确定之后，爱彼迎也希望有人能够对结果负责。这样的做法与直接命令员工"做什么"和"怎么做"大不相同。[12]一旦公司的各层级对公司目标达成一致之后，管理人员的职责就变成了帮助团队成员获得必要的资源，并想方设法解决这一过程中可能出现的障碍。

要让所有人都能够对一系列公司的优先事项达成一致，那么首先就需要做好"情境设置"，以此确保所有人了解公司经营所处的环境，以及在这种环境中公司为了获得成功所可能采取的战略。"情境"一词是奈飞所使用的，它解释了公司的优先事项之所以重要的原因，其中包括公司所面临的机遇和威胁。这要求公司的高层对他们所处的商业环境有着清晰的认识。而公司的员工起码需要了解以下问题：

公司存在的意义是什么？

我们怎样赚钱？什么影响了结果？

谁是我们最重要的客户？

我们的客户最重视什么产品和服务？

我们现有的或正在兴起的竞争对手是谁？他们对我们造成了什么威胁？

作为一家公司，我们衡量成功的标准是什么？

我们有什么计划来赢得市场？

取得成功需要我们具备怎样的能力？

什么价值观对我们最为重要？

公司期望我们有何作为？[13]

　　我们可能会认为，在管理层团队中，团队成员具有高度共识，但是实际上他们往往在上述问题上未能达成一致。一项调查发现，90% 的 CEO 认为，他们的管理团队成员支持并积极传播公司的战略优先事项。但是，事实上，只有 2% 的高管在被调查时列出了公司最重要的三大优先事项。[14]另一项研究要求人们说出在建立全球团队时所面临的最艰巨的挑战。在被列出的前五大挑战中，有两项分别是明确团队的目标，以及使团队的成员就目标达成一致。[15]因此，交代清楚公司运营所处的情境，同时从自己的团队开始建立共识，这些都是必需的。要判断公司所处的情境是否得到很好的传达，可以要求公司成员列出公司的主要目标和战略。但员工的回答常常是错误、不完整或是前后不一的。

　　奈飞认为，情境设置对于维持一个自由和负责任的公司文化——这被它认为是成功的关键——十分必要。该公司坚称，当公司的领导层和管理者有效地传达了公司所处的相关情境后，才会出现最好的结果。如果这一点做得好，员工能够就公司的优先事项甚至是日常工作做出明智的决定。如果管理者无法向下属阐释公司所处的情境，那么他的下属更可能会做一些蠢事（比如在没有意义的事情上花费时间和精力）。合理地设置情境并不是对决策所导致的结果或员工们的所作所为做出强制的命令，这实际上是为员工做出明智的决定提供相应的信息和默契。奈飞认为设置情境的做法同其他公司中自上而下的命令式做法不同——那种自上而下的做法会破坏员工的积极性，而员工因为需要等待高层领导的指令而使决策速度放慢。这种自上而下的命令式做法也会使员工，特别是具有创造力的员工士气受挫，这些员工希望有更多的自主权来决定采取什么行动。奈飞的管理人员被要求清晰地向员工传达公司所要实现的目标以及衡量成功的标准，在这一过程中他们需要就相关的质量、时限及开销等问题提供尽可能多的细节。然后，公司的员工按照其要求来判断要做些什么。

正确地设置情境使奈飞成为它所称的具有高度一致但又相对松散"耦合"的公司。奈飞坚持表示，它的员工应该对其工作处境和共同目标有一致认识，同时又拥有为了取得成功而自由行事的权力。[16] 该公司称：

高度一致的意思是：

战略和目标清晰、详尽，并得到广泛理解。

团队间的互动集中在战略和目标等问题上，而不纠结于策略问题。

对重大投资的决策应该透明、清晰且富有远见。

松散"耦合"的意思是：

除了为在战略和目标上达成一致，很少举行跨部门的会议。

对其他部门所采取的策略高度信任，团队所采取的策略无须得到审查或批准，公司得以快速行动。

公司的领导者根据情况积极寻求协调和别人的看法，同时偶尔对所采取的策略进行总结以强化共识[17]。

奈飞公司对"情境设置"的重视来源于它曾经险些破产的经历。早年间，公司花费巨额资金以求快速发展。但是，其结果没有达到管理层的预期，而融资却越来越困难。结果，公司不得不进行裁员，同时开始重视现金流的管理。一位内部人士说：

我们从订阅用户身上得到回报之前，花了大钱来买 DVD、建立配送中心，并订制原创视频。公司的员工要明白，虽然公司的收入在增长，但是控制开支仍然十分重要……我们每周都会在停车场开会。我们要提交一张类似损益表的纸，上面有9张表格显示我们在银行里还有多少钱、我们有多少用户。[18]

明确公司所处的情境并不是为了应对财政危机或展示新的战略计划而采取的临时措施。一个公司所面临的商业环境会不可避免地发生变化，公司需要不断与员工进行交流以确保他们能够明白随着这些变化所出现的进展。很多领导者错误地认为，团队的成员明白公司所面临的情境已经出现了变化，也了解这种变化对公司优先事项和行动造成的影响。他们认为，对于公司所处情境的变化，其他人也有着与自己相同的认识。而另外一些领导者则没有耐心使同事能够充分理解公司运营所处的情境。[19] 他们觉得这并不重要，因此没有花时间去明确公司所处的情境。

一旦公司上下对其所处的情境有了一致理解，公司就需要确定能够推动其发展的优先事项。在某些情况下，一些公司有着明确的优先事项，却被不那么重要的事情分了心。这种情况被人称为"好犁耕错地"。[20] 比如说，有一家公司致力于提高经营效率。在其他条件相似的情况下，这是一个不错的主意。但是现实不可能总是这样理想化。这家公司要取得成功就需要研发令人兴奋的产品，以此吸引新的客户并扩大营收。当然，并不是说提高经营效率并不重要，只是对于这家公司来说，相比于提高经营效率，扩大营收更加重要。

确定公司的优先事项同样要求在公司范围内就次要的事项达成共识。这看上去是不言自明的，但是很多公司并不愿意明确哪些活动或项目不再受重视或应当被裁撤。相反，这些公司认为这些都能够被完成，或是可以毕其功于一役（而不是为了对资源和精力进行合理分配而进行排序）。这导致的结果就是，员工要完成的工作过多，只能选择完成他们认为最重要的任务。另外一个结果则是，员工尝试去完成更多任务，但是反受其害。要在关键项目集中注意力，就必须拒绝某些计划。奈飞很早就决定不在实体店领域与百视达公司一争高下。奈飞的创始人正确地预言，在这个行业中，互联网会成为实体店的掘墓人。巴塔哥尼亚公司的做法更加极端，它决定限制自己的增长速度，因为快速扩张会给公司的价值观和文化带来问题。巴塔哥尼亚公司的CEO表示："你必须了解自己的优势和局限性，以自己的方式生存……越是想快速发展，越是想'一口气吃成胖子'，那么完蛋得也就会越快。"[21]

多种情况会让团队分散注意力。有时候，团队会竭力去完成一项价值不大的项目。还有时候，公司的行政任务会占用团队完成关键工作所需要的时间。比如，有的公司要求团队领导者就他们所指定的目标提交每月进度报告。这些报告一旦处理不当，很容易变成例行公事，而不会带来有益的交流和行动。公司内部过多的跨部门会议也会占用团队的时间。有时候员工会被要求参加各种高级别的会议，而这些时间原本可以被用于自己的团队或客户。这倒不是说会议总是不必要的或是毫无价值的，只是很多会议消磨掉了太多时间，以至于对与会者而言机会成本太过高昂。第三种情况是办公室政治。在这种情况下，公司内部相互竞争的小团体以及其他使公司失序的行为会让人们卷入办公室政治中，进而白白耗费员工的精力。团队领导者的一项职责就是，使员工和团队的注意力不会从那些对成功至关重要的优先事项上被不必要地分散。

领导者和他们的团队总会面临许多的机会和挑战。他们可以轻而易举地罗列出一长串必要的计划。有的领导者认为，交给员工的任务应该比他们能够完成的更多，比如员工能够完成 8 项任务，那么就最好给他们 10 项任务（而与之相对应的做法是，在员工能力所及的范围内给员工分配任务——给员工 5 项任务，而他们都能够如数完成）。这种想法会带来的问题是，由于员工无法专注于真正重要的领域或是无法合理地向这些领域分配资源，他们可能无法取得成功。

　　与之相关的一个错误是，公司所设定的优先事项过于复杂。检验公司所设定的优先事项是否足够简洁明了的一个方法是，让员工向家人解释其公司或团队的优先事项。员工的家人们对公司的运营知之甚少。如果你不能以他们能够理解的方式解释这些，那么说明公司的优先事项过于复杂。还有一种检验的方法被人称为"电梯对话"，也就是说，你想象自己与别人一起搭乘电梯，你要在电梯从底层运行至最高层的这段时间内向他／她阐述公司的一个优先事项。要求对优先事项进行"简洁明了"的阐述，并不是因为公司的优先事项或其面临的挑战是简单的，也不是说简单的解释总是更好的选择，真正的原因在于，如果要让公司的员工牢牢记住这些优先事项，并使之产生预期的影响，那么就必须以一种简单且便于记忆的方式进行阐释。

　　确定一套清晰而且得到认同的优先事项有几条指导方针

可资借鉴。

首先，要有一系列简单且易于解释的目标（这些目标每年都会发生变化，当然变化周期也可能根据不同情况缩短或延长）。团队最常出现的错误在于设定了太多的优先事项，就像早期的爱彼迎一样。而现在该公司则对每一个目标都进行了详细的阐释，其中包括完成时限和责任人。按照爱彼迎 CEO 的话说，该公司要专注于更少、但更有影响的目标。

第二，要使预期结果更加清晰且尽可能地可评估。有的公司会制定一些衡量各个优先事项进展情况的"成功评估标准"。比如说，某公司或团队会在新产品上市的第一年设定具体的营收目标。这就是对结果进行评估的一种方式，它明确了公司的预期结果。与之不同，对过程进行评估是对某项活动或者任务进行跟踪，并非直接针对最后的结果。"公司吸取了上一次产品上市的经验教训之后，推出一款新产品"，这种对"怎么做"的总结可能是典型的对过程进行的评估。在大多数情况下，公司应该制定对结果的评估标准，而不是去评估过程，因为对结果的评估只是阐述了员工要做什么，而不会命令员工怎么做。确保员工有共同的目标比这些目标如何实现更加重要。[22]

　　每个团队对成功的评估各有不同。让团队成员参与制定同自己切身相关的评价标准会让公司十分受用。这能够保证公司所制定的标准更"接地气"，而且每个员工都会将其视为自己所重视的目标。而潜在的问题是，一个团队可能会践行错误的标准或是过多的标准。每一位团队的领导者都应该对评价标准精挑细选，以防止其过度庞杂。

　　有些时候，因为任务的性质或公司的文化的原因，团队制定对成功的评判标准的自主权可能会受到一定的限制。之前曾经提到，全食超市制定了一套对门店内的团队进行评估的标准（比如月度销售额和每名员工所取得的利润等）。该公司的每一个团队都被要求用这些标准来评估自己的表现。全食超市根据这些标准将团队的表现同每月奖励相挂钩。在全食的案例中，对成功的评估标准是由公司强制推行的——不过每个团队达到目标的方式并没有受到制约。

　　公司明确少数重要的优先事项还会带来一个额外的好处——能够让那些为共同的目标而奋斗的员工建立紧密的联系。如果目标相悖，那么公司中的团体很容易陷入孤军奋战、单打独斗的境地。[23]典型的解决方法是自上而下地将公司的目标和评估标准传达给员工——每一层级都负责向其下级解释公司的目标和标准。[24]我也曾见过公司里彼此依赖的团队之间会为了必要的相互理解和达成共识而分享各自的目标。举例来说，一个研发团队会同公司的制造团队沟通，保证在从研发到生产的过程中协调合作。有些公司甚至更进一步，它们会公布每个团队的目标。在这些公司里，每个人都能够知道所有团队的目标及相关的评判标准，更激进的情况下，每个团队所取得的成绩也同样会被公示。

第三是责任问题。每个团队都需要决定，由整个团队对所有优先事项负责，还是由专门的责任人或小组牵头。然后，这些"责任人"根据需要同大团队合作来实现具体的目标。指定专门的责任人对公司的优先事项负责并不会让团队逃避它所负担的集体责任，这种做法只是明确了"带头人"和先锋小组来推动某个优先事项。就如爱彼迎的案例所显示的那样，很多领导者认为，与所有人对所有事负责不同，指定具体的责任人能够带来更大的进步。奈飞把这些人称为决策负责人。在责任被清楚划分之后，还需要明确，在执行具体的公司优先事项时，负责人拥有多大的权力。他们能否在没有上级或其他团队批准的情况下动用项目经费？他们能否决定产品的外观和成本？这样做是为了避免在授权不清晰或存在冲突的情况下产生混乱。[25]

第四条有关优先事项的指导原则是要用有效的方式检查

团队在各个方面取得的进展。有些公司制定了明确的优先事项，却没有确立完善的流程来检查在具体的过程中所取得的进展。在最坏的情况下，公司会确定优先事项，并将其向员工传达，然而在此之后，公司却不再对相关进展进行检查（或者是只在年末才对其进行评估，这样就无法对出现的问题进行及时修正）。优秀的团队所采取的做法则恰恰相反，它们会以具体数据为目标，或者用一套综合的体系对相关进展进行月度、季度和年度评估。要创建一套评估流程来跟踪项目进展，其中的一个要点是，鼓励公司内部的业绩公开，而不是仅仅让团队成员向他们的主管汇报情况。比如说，有的团队制定了以不同颜色表示的打分体系（比如分别用红色、黄色或绿色来表示相关进展）来评估项目进展。但是，对相关进展的评估会议不能只是根据相关标准刻板地进行打分。优秀的团队会在此期间积极讨论团队表现，并探讨未来将采取的行动。制定一套评估指标能够在团队成员中激发起适时且富有成效的讨论（而不是简单地指出谁的表现不合格）。让同侪对相关优先事项的进展甚至工作成果进行评审和反馈能够有力地促使员工更加专注，激励他们拿出更好的表现。为此，公司必须拥有一套清晰的标准，团队内部也需要高度信任，这样才能对项目的进展和团队表现的不足之处进行坦诚交流。

优秀的公司和团队会持续地专注于完成少数关键的优先事项。这样一来，它们能够避免被一些耗时费力、浪费资源的小事分散精力。这样一种行事方式也意味着团队会无视一些具有前景的提议，也同样意味着要为了保持专注而做出艰难的抉择。

奈飞认为流媒体业务是其未来成功的关键，因此全速从DVD业务转向互联网流媒体业务。转型的时间比公司预想的更长一些，但是一旦占据市场之后，公司的营收得到大幅提升。里德·哈斯廷斯坚决不希望重蹈柯达（Kodak）的覆辙，这个曾经的巨头由于执迷于既有业务而错失了数字化革命的时机。他希望自己的领导层每时每刻都在思考流媒体的问题。不过，奈飞也保留了DVD业务，该业务规模日益缩小，但利润依旧很高。[26] 该公司的30位副总裁中一度有5人负责DVD业务。但是，哈斯廷斯决定不再让分管DVD业务的副总裁参加公司的领导层会议，原因是这些会议将专注于讨论流媒体业务。考虑到公司的历史以及团队中的紧密关系，这并不是一个容易的决定，但是哈斯廷斯相信这是一个正确的决定，能够确保公司专注于核心业务。

　　然而，优秀的团队和公司还具有一个矛盾的特点，它们会对新的想法进行试验——无论是否有关其核心业务。在专注与尝试之间维持平衡并不容易，但是他们认识到，过度专注而不去尝试新的想法，就会难以应对新的机遇和威胁。因此，他们在着力于核心业务的同时也勇于探索新鲜事物。[27] 他们希望尝试之前未曾做过的事情，并从中习得经验。爱彼迎创立时的理念是，相比于既有的一些网站 [如克雷格分类广告网站（Craigslist）]，用户会愿意使用细节更加充分且更吸引人的住宿出租网站。因此，爱彼迎的创始人在公司的网站上竭力为用户提供高质量的出租房照片（这样能够缓解用户对于"素未谋面"的住宿地的担忧）。他们曾发现，一位房东出租的公寓条件极好，但是她在出租信息中贴出的照片非常糟糕，这让他们明白了照片质量的重要性。智能手机让拍照变得更简单，但是那时这样的变革尚未发生，而这位房东恰恰不甚精通照相技术。于是，爱彼迎的创始者们问这位房东，她是否愿意让人上门为她拍照——只要她轻轻点击鼠标，就会有人上门为她的公寓免费拍照。这位房东认为这个点子相当吸引人。次日一早，公司的其中一位创始人带着相机来到这位房东的公寓里，为其拍摄了照片。爱彼迎慢慢地将这项服务提供给了更多房东，如今，世界上有成千上万名自由摄影师为该公司用户所出租的房屋拍照。爱彼迎希望通过它所称的"七星级的设计流程"来切实提高用户的体验。[28] 用户会在短租之后为该公司提供的服务打分——从一星到五星。这些服务往往能够得到五星的满分评价，但公司认为仍有提升的余地（实际上，它发现很多用户打分相当宽松）。公司会要求它的团队拿出能让用户愿意给出六星评价的服务。爱彼迎渴望用户能够与公司联系，告诉它五颗星根本不足以表达他们对服务的满意，他们愿意给爱彼迎的服务打六星。然后，爱彼迎会要求其团队探索如何才能得到七星、八星甚至九星的评价。在这样的过程中所萌发的许多想法都很奇异（比如在用户到达机场时举着写有用户名字的横幅游行），但是它们背后的意图是十分清楚的——跳出思维窠臼，为旅行者带来更难忘的经历。

书中所提到的每一个公司在提升核心业务方面有着相似的经历。奈飞的算法能够知道用户喜欢看什么、喜欢怎么看（时不时地看看，还是集中观看），因此公司能够为用户推送符合其个人喜好和观影习惯的节目。但是，这些成功的背后是许多尝试的失败。爱彼迎所制作的前三个网站没能吸引用户的关注，直到第四次尝试，它才取得成功。不过，优秀的公司会持续不断地尝试新的方案，它们会首先小规模地进行试验，然后进一步执行那些看上去颇有前景的项目。让公司或团队在专注于势在必行的事务的同时，不断尝试可能推动未来发展的新想法或创新性的想法，这是一个艰巨的任务。爱彼迎的 CEO 要求公司员工思考，公司的竞争者可以用哪些做法破坏甚至毁灭公司的商业模式。[29]他希望员工们构想出能够让爱彼迎的商业模式过时的产品或服务。这样做是为了保证爱彼迎的创新速度能比竞争对手更快，同时也防止当年它用 P2P 模式对传统酒店造成的那种冲击不会让自己遭殃。爱彼迎在现有的模式下试验着新的想法，比如让房东前往机场迎接房客，或带着房客观光游览，以及为他们提供其他体验（比如餐饮、文化活动等）。它还关注现有业务之外共享经济中的其他领域。有着独特模式——特别是取得了相当的成功——的公司，在其商业模式出现危险时，反应总是很慢。如果不去尝试创新性的方案，僵化地专注于少数优先事项可能会在长期内对公司造成伤害。

许多公司和团队会不停重复自己近期的做法，皮克斯也看到了其中存在的问题。皮克斯不愿意将在某一部影片中十分有效的做法简单地复制到另一部影片中。该公司的

CEO艾德·卡特莫尔相信，皮克斯不应该重复过去的东西，而是应当不断进行新的尝试。言下之意就是，不要重复过去的故事情节，或是过去的影片中所体现的情感。[30] 为公司或团队招入一些"局外人"是鼓励进行试验的一种有效方式。如同本书第三章所说，要成为团队中的一员，就必须认可团队的一系列信仰或价值观。但是，像皮克斯这样的公司会故意雇用局外人，希望他们就如何更好地制作电影带来新的思想和看法。就算如今皮克斯已经成为历史上最成功的电影制作公司之一，情况依旧如此。该公司会雇用背景和经历极为不同的员工，特别是导演。这不仅仅是为了让团队成员能够打破思维定式，也是为了让团队能够接纳（由于其身份和经历而）思想不同的新人。它希望，那些能够融入皮克斯的企业文化，同时又能发现公司运营中出现的机遇和盲点的异见者，会得到公司的接纳。皮克斯不想要千篇一律，而这个问题实际上很容易出现在电影行业当中——一部电影佳作的续集往往能带来大量利润，但是毫无突破。

在大企业中鼓励创新就需要利用团队来试验不同的模式和方法。这些团队被鼓励在现有的商业模式下进行创新来提高业绩。

在成立之初，全食超市决定让每个门店，特别是门店中的每个团队都拥有相当大的自主权来决定提供哪些能够满足当地消费者的产品和服务。由于每个团队都能试验新的方案，这种分散式的决策模式也被认为能够鼓励创新。位于加利福尼亚州（California）的一家全食超市门店决定在店内开设一个葡萄酒和精酿啤酒酒吧。多年以来，全食超市在许多门店都会售卖葡萄酒，但是没有一个门店开设葡萄酒酒吧。考虑到这个位于索诺马县（Sonoma）的门店靠近世界上最好的葡萄园，它提出这样一个方案丝毫不令人惊讶。数月时间，这个全食超市里的酒吧所带来的收入超过门店里包括海鲜等在内的任何一个业务分支。这个酒吧还不仅仅是一个新的利润增长点。该超市一直致力于为消费者创造一种社群感，而它正是这种努力的一部分。酒吧吸引了其他全食超市门店的眼球，它们纷纷研究开办一个酒吧的可行性。现在，全食超市在美国的各个门店内开办了 75 个酒吧。[31]

全食超市地区创新的案例不止这一个。超市的两名员工发现，向其他公司提供健康和保健服务（这种企业与企业之间的业务是全食超市在过去从来没有做过的）存在商机。全食超市很喜欢他们的提议，并支持他们进行尝试。这个名为 Full Spoon 的计划旨在帮助参与该项目的公司的员工改善健康状况。这些公司的员工在全食超市购买"健康食品"时，可以享受八折优惠。他们还可以参加监控其饮食和运动习惯的项目并参与有关健康问题的讲座。现在，仅有少数全食超市的门店提供这项服务，不过一旦成功，该计划将扩展到公司其他地区的门店。

这样的创新同样出现在奈飞。奈飞坚定地给予它的团队相当大的自主权，以此催生新点子；更重要的是，公司也要求团队肩负起责任以便新的主意能够付诸实施。几年前，奈飞公司的一个团队意识到，一些用户希望集中地观看整部电视剧。早前，有些用户会租借特定电视剧整季的 DVD，然后一口气看完——这已经很明显地表明有的人更喜欢一次性看完特定电视节目。奈飞知道用户可能会在一个周末看完一整季甚至是两季的《广告狂人》（*Mad Men*）。当奈飞向用户提供在线点播的电视节目时，它认为用户同样喜欢这样做——奈飞认为这就好比人们在读书时，喜欢一口气读完好几章。于是在制作《纸牌屋》时，奈飞将这种创新举措加以实践。它决定将《纸牌屋》第一季的全部十三集内容同时在网上发布（以往的做法是每周播放一集）。这个简单而大胆的想法之所以出现，是因为奈飞某个团队中的成员认为同时发布一整季的电视剧满足了用户们的需求（他们可以随心所欲地随时观看电视剧）。奈飞公司主要基于按月订阅的模式，它不需要迎合广告客户对黄金时段的偏好——只有每周播出一集的传统方式才能满足广告客户的需求。《纸牌屋》大热，同时也加速了支持用户集中观看的变革。近期的一项调查表示，有90%的电视观众现在集中地观看电视节目——也就是说，在一年里的某个时段，他们会在一天内至少看三集电视剧。[32]

优秀的公司同样会鼓励员工和团队在其核心业务之外进行创新。最著名的一个例子就是谷歌公司。公司鼓励它的工程师将20%的工作时间花在与近期任务不相关的项目中——他们可以花时间研究自己感兴趣的问题，看看它们有没有可能发展成新的产品或是公司新的业务。谷歌的创始人在十多年前说过："我们鼓励员工在常规的工作之外，花20%的工作时间做那些他们认为对公司有益的事情……这让他们更加有创新精神。我们很多重大的进展就是这样取得的。"[33]这种方式也不是没有问题，因为公司不会给员工（这里指的多是工程师）分配时间，也不会对此采取监督措施。但是，有很多人在完成手头的工作之余并没有额外的时间来完成工作之外感兴趣的项目。当玛丽莎·梅耶尔

（Marissa Mayer）离开谷歌成为雅虎公司（Yahoo）的 CEO
时表示："自从我来到这里以后，人们一直在问我，'雅虎
何时也会允许员工将 20% 的工作时间花在自己感兴趣的项
目上'……我必须告诉你有关谷歌'20% 工作时间'的秘
密，那实际上会让你的工作时间变成原来的 120%。"[34]

谷歌的领导者明白，让员工花时间在工作之外进行创新
所面临的挑战。但是他们相信，这条规则最好在没有正式
的指导原则或命令的情况下执行。他们希望将不断尝试的
价值观注入谷歌的企业文化——尤其是对可能成为公司新
的发展机会的新想法进行试验。[35] 这样的尝试也出现在爱彼
迎。每周，爱彼迎都会举办"展示日"，公司的员工会向其
他同事——通常来自其他团队——展示他们的工作。这让
员工们可以脱离自己手头的工作，向从事其他工作的同事学
习。这促进了员工的发展，也推动了跨团队的创新领域的
出现。

与之相关，优秀的公司为了鼓励创新试验，不断地进行
快速试错。它们认为，员工和团队应该时不时地拿出他们
的工作成果，并且不断接受检验。这与另一种做法截然不
同：有的个人或团队在向客户和同事提交工作成果以寻求
反馈之前，会专注于该工作并试图尽可能地对其进行完善。

这在皮克斯体现得十分明显。该公司在样片会中频繁地对影片进行评审。在这些会议上，团队成员对正在制作中的动画片进行评审以提出正面或负面的反馈意见。在每天早上的样片会上，团队会对节选出来的镜头进行评审。皮克斯希望他们的工作能够得到充分的批评，而非一成不变。[36]其间，影片的导演、其他动画师以及任何想要参与的人会观看样片并讨论哪些变化能够提高影片质量。没有参与相关影片制作的动画师也能够从这些反馈中学到东西，这是该做法带来的第二个好处。举行样片会的理由在于，很多人试图在展示自己的工作成果之前力求尽善尽美，但是这样会导致大量时间浪费，创造力受限制。每一项创造性的工作都会出现瑕疵，而皮克斯希望这些瑕疵快速地得到解决，这样可以在早期进行必要的改动。那么，员工就需要能够适应将尚不完善的工作展示出来，并听取意见（这当然会令人感到痛苦，因为半成品不会太出色）。皮克斯在竭力创造一种文化——员工们能够坦然，至少不会感到不安，与同事一起评审自己的工作，并听取直接但是有帮助的意见，以判断他们是否走在正确的路上。

小　结

优秀的公司会就公司所处的情境（比如市场上的机会和威胁、财务状况等）与员工沟通。

它们能够明确少数具有战略性的优先事项——为了推动公司的发展，这三到四个目标必须实现。

在阐述公司的优先事项时需要保证所有人都知道什么才是成功，其中包括相关的绩效指标和责任的分配。

优秀的公司也同样明白，过于专注可能会导致失败，因此，它们也不断进行尝试，以发现新的扩展用户和收入的机会。

注 释

◆ 1 · Brian Chesney, CEO of Airbnb, comments on the early mistakes of trying to do too much. "We probably lost six months," he says. "There are so many things we can do; the most challenging part of this is to figure out what not to do." Jessi Hempel, "Airbnb: More than a Place to Crash," Fortune, May 3, 2012.

◆ 2 · Rolfe Winkler and Douglas MacMillan, "The Secret Math of Airbnb's $24 Billion Valuation," Wall Street Journal, June 17, 2015.

◆ 3 · Airbnb Faces Growing Pains as It Passes 100 Million Guests. Max Chafkin and Eric Newcomer. Bloomberg Businessweek. July 11, 2016. One Wall Street firm projects that Airbnb will book one billion rooms per year by 2025. The scale of the company is further illustrated by its having 40,000 rooms for rent just in Paris.

◆ 4 · Reed Hastings, when asked about taking time to establish his firm's cultural principles, noted that during the first four years, Netflix had only one priority, which was to avoid bankruptcy. The company went from having $100 million in startup funding to $5 million before it turned profitable. Airbnb and Netflix were focused on survival.

◆ 5 · Austin Carr, "Inside Airbnb's Grand Hotel Plans," Fast Company, March 17, 2014. The CEO noted about his firm's annual objectives, "If you can't fit it on a page, you're not simplifying it enough . . . . I told my team they have to put the entire plan on a page this big by next week—same size font."

◆ 6 · "PandoMonthly: Fireside Chat with Airbnb CEO Brian Chesky," Pando Daily, January 14, 2013, www.youtube.com/watch?v=6yPfxcqEXhE.

◆ 7 · Carr, "Inside Airbnb's Grand Hotel Plans."

◆ 8 · Owen Thomas, "How Airbnb Manages Not to Manage Engineers," Readwrite, June 5, 2014, readwrite.com/hack.

◆ 9 · See Airbnb's website: "Making this environment possible requires a few things. Engineers are involved in goal-setting, planning and brainstorming for all projects, and they have the freedom to select which projects they work on. They also have the flexibility to balance long and short term work, creating business impact while managing technical debt. Does this mean engineers just do whatever they want? No. They work to define and prioritize impactful work with the rest of their team including product managers, designers, data scientists and others." nerds.airbnb. com/engineering-culture-airbnb/.

◆ 10 · Own Thomas. "How Airbnb Manages Not to Manage Engineers."

◆ 11 · The importance of experience in Airbnb is suggested when realizing that the head of what most firms call human resources is called the head of employee experience at Airbnb. His job is to enrich what employees experience at Airbnb—creating a sense of belonging through a wide range of factors, including the design of the workspace, communication and education efforts, the food in the company cafeteria, and a variety of recognition and reward programs.

◆ 12 · Thomas, "How Airbnb Manages Not to Manage Engineers."

◆ 13 · These questions are similar to those proposed by Peter Drucker in his-March 17, 2014. The CEO noted about his firm's annual objectives, "If you can't fit it on a page, you're not simplifying it enough . . . . I told my team they have to put the entire plan on a page this big by next week—same size font."

◆ 14 · "Top Three CEO Bindspots," Build, December 5, 2011.

◆ 15 · Vijay Govindarajan and Anil K. Gupta, "Building an Effective Global Business Team," MIT Sloan Management Review Summer (2001).

◆ 16 · "Netflix Culture: Freedom and Responsibility," Internal presentation, available at www.slideshare.net/reed2001/culture-1798664.

◆ 17 · Ibid.,

◆ 18 · "The Woman Behind the Netflix Culture Doc," firstround.com/review/The-woman-behind-the-Netflix-Culture-doc/.

◆ 19 · See Paul Adler, Charles Heckscher, and Laurence Prusak, "Building a Collaborative Enterprise," Harvard Business Review, July–August (2011). They write, "Indeed, we have found that the patience and skill required to create and maintain a sense of common purpose are rare in corporate hierarchies, particularly given that it is not a set-it-and-forget-it process. The purpose must be continually redefined as markets and clients evolve, and members of the community need to be constantly engaged in shaping and understanding complex collective missions. That kind of participation is costly and time-consuming."

◆ 20 · David A. Nadler and Janet L. Spencer, Executive Teams (San Francisco: Jossey Bass, 1998).

◆ 21 · Yvon Chouinard, Let My People Go Surfing: The Education of a Reluctant Businessman (New York: Penguin Books, 2006), Loc 916 in ebook.

◆ 22 · This, of course, is within the ethical and procedural practices of a company. It is not a "results at any cost" mentality.

◆ 23 · One researcher, David Rock of the NeuroLeadership Institute, describes a role of shared objectives as follows: "If you can create shared goals among people, you create a strong "in" group quite quickly. When you identify a shared goal, you turn an 'out' group into an 'in' group." Adam Bryant, "A Boss's Challenge: Have Everyone Join the 'In' Group," New York Times, March 23, 2013.

◆ 24 · The CEO of Sparta Systems notes, "I've learned to be incredibly clear about what we're trying to do, how we're going to get there and the outcomes I want from the team. And then when I get that team in place, they can cascade the goals down through the organization so that the front-line people know exactly where we're going. I'll say, 'If you can't see how what you're doing today fits my scorecard, then you need to talk to your boss, because we're mis-aligned.' If you don't have that, then people go off in a lot of directions. They do a lot of work, but they are not really getting to the result that you're looking for with the company." Adam Bryant, "Eileen Martinson on Clarity of Leadership," New York Times, January 9, 2014.

◆ 25 · Some groups go too far in delineating "who owns what," resulting in a mechanical process of dubious value. The best known tool for those who go down this path is called a RACI—which is a template that allows people to specify the roles of various individuals and groups in regard to specific decisions.

◆ 26 · This past year, domestic DVDs accounted for just over 8 percent of the firm's revenue.

◆ 27 · Greylock Partners, "Blitzscaling 18: Brian Chesky on Launching Airb-nb and the Challenges of Scale," November 30, 2015, www.youtube.com/watch?v=W608u6sBFpo.

◆ 28 · See Scott Berkun, "How Do You Build a Culture of Healthy De-bate?" June 28, 2013, scottberkun.com/2013/how-to-build-a-culture-of-healthydebate/.

◆ 29 · Reed Hastings, CEO of Netflix, asks a slightly different question but with the same intent: "How would the company be different if you were CEO?"

◆ 30 · Clifton Leaf, "Pixar's Ed Catmull: If Something Works, You Shouldn't Do It Again," Fortune, July 14, 2015.

◆ 31 · Drake Baer, "This Is Innovation: Tippling at Whole Foods," Fast Com-pany, April 5, 2013.

◆ 32 · "Original Streamed Series Top Binge Viewing Survey for First Time," TiVo Press Release, June 30, 2015, pr.tivo.com/manual-releases/2015/Original-Streamed-Series-Top-Binge-Viewing-Survey.

◆ 33 · 2004 Founders' IPO Letter. https://abc.xyz/investor/founders-letters/2004/ipo-letter.html

◆ 34·Nicholas Carlson, "The 'Dirty Little Secret' About Google's 20% Time, According to Marissa Mayer," Business Insider, January 14, 2015.

◆ 35·See Laszlo Bock, Work Rules! Insights from Inside Google That Will Transform How You Live and Lead, Kindle Edition, 2015.

◆ 36·Jared M. Spool, "Goods, Bads and Dailies," UIE, October 3, 2012, articles. uie.com/great_critiques/.

第五章

严苛与温情并存

伟大的企业文化会包容巨大的矛盾

　　大多数公司在经营过程中要么相对严苛，要么相对温情。[1]那些比较严苛的公司强调，公司需要制定清晰的业绩目标、惩罚措施，员工必须对业绩负责。这些公司更加严肃，也很看重过程，就好像通用电气（General Electric）。而比较温情的公司则重视在富有创造性甚至有些无序的环境中工作的员工之间的紧密联系。它们相对随意，更看重才华，就如谷歌公司。没有一个公司或团队是完全严苛的，或是完全温情的，但是根据公司业务、历史甚至是领导者的不同特质，大多数公司会更偏向其中之一。这样一种偏好久而久之便成了公司基因当中的一部分，塑造着员工的思考和行为方式。真正的困难在于营造一个矛盾的环境——一个既严苛又温情的工作环境。处于前沿地位的公司和团队正是这样做的。[2]

公司文化最简单的定义是"在这里我们做事的方式"。每个公司会发展出自己独特的处事方式——就如同人的性格一样具有特殊性。公司文化包括员工对他们的工作、公司和所处的竞争环境的信念和认识。[3] 深层次的文化要素会在认知层面和情感层面都发挥作用。认知层面的信仰主要是员工对于影响公司或团队成败的因素的理解。皮克斯的员工相信，要做出让观众喜欢的电影，关键是一个拥有令人难忘的角色的好故事。故事比什么都重要。其他电影制作公司可能会有别的想法——可能会认为巧妙的营销或者是技术创新才能造就一部电影的成功。每个公司所信奉的理念所能够发挥多大的作用有待讨论，但是无论如何，皮克斯的员工笃信伟大的电影来源于伟大的故事。这证明员工对公司的认识会影响员工在公司里的所作所为。

公司文化从本质上说不只是人们所共有的认识，它也会让员工产生情感。[4] 相较于员工的认识，人们的情感才是公司文化更加基本和内在的一面。对皮克斯的员工来说，他们对电影的情感联系——甚至是他们对特定角色（如《玩具总动员 2》中的伍迪、《海底总动员》中的多莉）的感情——比"讲好故事"更加重要。在其他的一些电影公司，它们的员工也认为有一个好的故事很重要，他们可能会专注于分析什么样的故事情节能够吸引目标观众，但是他们对工作并没有那么多深厚的感情。皮克斯同样精于电影营销，但是这并不是员工的关注点所在。在皮克斯，员工的情感，甚至是他们的体验对于电影的制作至关重要。该公司的员工希望能够用他们的故事打动观众，但这些故事必须先打动他们自己。尽管公司有着业界最严格的动画电影制作流程——这些流程相当复杂也格外严格——来保证电影的质量，但是它从未忘记，情感才是电影的核心。论述企业文化的材料大多会在认知层面大量着墨：如员工的信仰、他们对公司和所处环境的设想等。但是，从员工在公司特别是团队中工作的体验中所产生的情感，这才是企业文化的根本。从这个角度上看，相比于认知层面上的员工信仰和认识，企业文化更多与情感有关。企业文化会被看作"我们在这里的行事方式"或是"我们在这里的思维方式"，但是更重要的是，企业文化也是"我们在这里的感受"。

在一些优秀的公司中，强调体验以及在体验中所产生的情感，是因为它们对客户体验的重视。星巴克（Starbucks）声称，它希望成为在家和公司之外，人们的"第三个去处"。为此，它需要让顾客在星巴克的门店内感到舒适，让他们感到自己是这个集体中的一份子（就好比很多英国人对当地酒吧的感情）。星巴克的CEO霍华德·舒尔茨（Howard Schultz）强调，星巴克要做好客户在门店内的体验。顾客的体验，特别是与咖啡师的交流，是星巴克品牌的核心价值。舒尔茨在他的《一路向前》（*Onward*）中写道："星巴克的咖啡是特殊的，是的，情感联系才是我们真正的价值取向。"[5] 他对分析人士和投资者没能注意到这一点感到失望，这些人要么因为与舒尔茨观点不同而无法理解情感所具有的能量，要么怀疑情感投资所能带来的回报而持消极看法。舒尔茨对于公司的看法非常坚定，他认为"星巴克做的不是咖啡生意，而是人的生意"。[6]

爱彼迎同样专注于"体验"。该公司最看重的是，为在旅行期间租住在爱彼迎提供的房屋内的用户创造一种归属感。它希望用户能够与房东建立关系，并感受到对所在社区更深刻的归属感。这样能够在一定程度上克服"陌生人信任偏见"——这让很多人在租住陌生人的房屋时感到不安（或者让房东对租房间给陌生人感到紧张）。爱彼迎的所有举措都旨在提升房东与租客之间的互信。

在此基础上，爱彼迎更进一步，从体验的角度来打造自己的公司文化，试图提升员工的归属感和集体感。它用对待用户的理念来塑造公司的文化，特别是它的运营之道。[7]公司希望用户能够拥有个性化的体验——他们想要的住宿类型、期望的社区环境和更偏爱的房东等等。当前，公司主要专注于帮助顾客找到理想的住宿类型，不过它也在想方设法满足用户对社区和房东的偏好。现在，爱彼迎也用相同的方式来对待自己的员工，它希望员工能在这里拥有难忘的体验，为此它将提供所需的一切。爱彼迎不仅想要影响员工所思所想（"我们一起努力来建立一种集体感"），也希望影响员工在工作体验中所产生的感受。为此，公司在与员工打交道时精心采取一系列措施。公司的"员工体验主管"（承担了传统的人力资源主管的职责以及其他工作）及其所领导的团队致力于为爱彼迎的员工创造难忘的工作体验。公司会根据这一目标对与员工有关的所有环节进行检验和改进（包括招聘、培训、设备、员工发展、薪资福利等）。

爱彼迎的招聘流程就能够体现出公司对员工体验的重视。公司会与应聘者进行接触，尽可能地使他们获得积极的体验。这包括对每一位应聘者表示感谢、通报有关招聘进程的信息、为应聘者了解公司提供建议、欢迎应聘成功的新同事并帮助他们融入公司的流程，以及请公司的员工向被拒绝的应聘者提供反馈和鼓励。[8]

爱彼迎对员工工作体验的重视同样也影响了公司总部大楼里员工们的生活，在那里，员工们能够在他们喜欢的地方工作（比如在会议室、图书馆或是咖啡厅），或是远程办公。公司的创始人——其中两位毕业于设计学院——甚至煞费苦心地把会议室装饰得更加激励人心。一位员工在宜家看到它用于展示家具的样板屋，于是有了一个想法：如果在那样的屋子里开会是一种什么样的感觉呢？比起坐在大多数公司乏味的办公室里，那样会不会更有趣、更好玩、更有益？在位于旧金山的爱彼迎总部大楼里，每个会议室的装潢都模仿了公司在世界各地的出租房。在爱彼迎开会，你可能就会来到仿照巴黎某套公寓的房间所设计的会议室；你也可能发现自己身处一间类似弗兰克·辛纳屈（Frank Sinatra）在棕榈泉（Palm Springs）的旧居的房间——辛纳屈的这套旧居也在爱彼迎的网站上供用户租住。在大多数公司里，你会在公司的大厅或会议室的墙上发现有关公司产品和客户的照片，而爱彼迎的这种做法只是对此更进了一步。

爱彼迎还会为员工提供许多好处，包括一日三次的免费美食。它也允许员工将自己的宠物狗带到办公室。每位员工每年都能得到 2000 美元，供他们在休假时租用爱彼迎网站上任何地方的出租房。公司希望员工能够和用户建立关系，因此为员工买单入住这些出租房，以此落实这个目的。

这些做法让爱彼迎取代谷歌公司成为职业招聘网站玻璃门（Glassdoor）所评出的"最佳雇主"（结果来自员工的选择）。[9] 在同一个调查中，爱彼迎的 CEO 布莱恩·切斯基获得了公司员工高达 97% 的好评。 爱彼迎对提升体验的专注表明，每个公司在谈论企业文化时应该更重视员工的体验，更直接地说是员工因在公司工作所产生的情感。 鉴于很多人把工作场所视为仅次于家的重要地方，这样的要求更显出其必要性。 实际上，有的人甚至认为工作场所是他们生活中最重要的地方，比家还重要。[10]

公司的文化结合了认知上的"认识"同情感上的"感受"。 优秀的团队对这两方面都很重视，但是显然，它们更加在意情感那一面，特别是能够影响情感的员工工作体验。 捷步达康和全食超市为创造乐观和快乐的公司文化付出了巨大的努力。 阿里巴巴创始人马云不希望员工抱怨，他更希望员工们能够着手完善那些尚待改进的问题。 密歇根大学（University of Michigan）的教授金·卡梅隆（Kim Cameron）的研究对上述做法给予了肯定，他研究了员工情感对公司业绩的影响。[11] 他发现，在总体上，工作环境更加积极的公司往往有着更好的业绩。 在他的定义中，所谓积极的工作环境是指，员工们能够彼此支持，在出问题时不相互抱怨，对彼此心存感激和尊重。 他表示，这些情感能够催生更好的业绩，因为它们能够增强员工团结协作、创造性思考和从挫折中恢复的能力。

当然，情感既有正面又有负面。 优秀的公司也会着力管控团队中的负面情感。皮克斯的领导层认为，如果要保持创造性的活力，关键是要在电影的制作过程中不断尝试，这样才能避免重复过去的工作。但是，试验就会增加失败的可能，新的想法和措施常常并不奏效。从理智上来讲，员工们明白失败能够带来经验教训，但是从情感上讲谁都不愿意失败。理智告诉他们，要进行新的尝试；但是本能又告诉他们，失败是令人痛心的，避之唯恐不及。所以，皮克斯努力营造一种心理上的安全感，让导演和他们的团队愿意尝试新事物。[12]为此，他们采取了很多措施，但是其中最重要的是公司高层领导给予导演们的支持。正如前文所述，这些支持是有限的，但是已经比大多数公司所提供的支持更多。

公司文化之所以能够造就竞争优势，是因为它难以被复制。营造和维持公司文化的困难之大使它更为珍贵。那些已经有了完善文化的公司能够认识到其他公司很难做到这一点。它们的竞争对手不能简单地对公司员工的想法和感受提出要求。阿里巴巴的创始人马云知道很多公司希望与阿里巴巴相抗衡，模仿它的做法。马云告诉这些公司，它们最终会失败，因为它们没有认识到营造一个正确的企业文化所需要付出的努力——通过招聘合适的员工、以公司的核心价值观对他们进行培训、制定正式或非正式的流程来强化文化特征，并且对违反规定的员工采取相关措施等。马云花了 10 年时间来塑造公司的文化，他相信，那些希望复制他的成功的公司在这方面缺乏必要的创造力和责任感。

企业文化的变化是十分困难的，这至少源于两个原因。首先，一个公司的文化可能来源于过往对该公司或它的领导者的成功有过帮助的因素。有些情况下，一个公司核心的文化价值观要溯源到数十年之前，它们与公司创始人的信仰和所作所为有着密切关联。举例来说，一些公司的成功来源于激进的资本操作，这样的公司很难改变自己的看法和相关的做法，即便是公司的市场份额因为劣质的产品质量和糟糕的客户服务而缩减。资本操作在公司发展的早期为其带来了成功，也成为了公司基因的一部分。从这个角度来看，企业文化并不是一套荒谬的想法或情感，它体现了因为过去的成功而制度化的一系列措施。企业文化反映了带来积极结果的那些措施，即便是这些措施已经过时，人们也不愿弃之不用。更困难的是，大多数的企业文化容易让人想当然，这造成了当局者迷的情况，需要做出改变的问题因此难以被理解和改善。经常是那些初来乍到的新人才能发现其他人已经难以看到的问题。

企业文化难以改变的第二个原因在于存在"水土不服"的问题。适合一个公司的文化并不一定就适合另一个公司。在奈飞有效的不一定能够适应捷步达康。要构建合适的企业文化，不能仅仅模仿其他公司或团队的价值观和举措——它们可以借鉴其他公司的经验，但是必须制定和完善符合自身需要的文化。比如说，很多公司会帮助员工协调他们在工作和生活上的需要。多数优秀的公司都会在工作时间方面给予员工更大的弹性。皮克斯公司的总部每天24小时开放，它知道有些员工喜欢在非工作时间工作，于是鼓励他们在他们最合适的时间工作。而巴塔哥尼亚公司则恰恰相反，它会在20点准时锁门，周末也不向员工开放。它希望自己的员工能够在非工作时间远离工作给自己"充充电"。这两个公司都认为各自的做法是对自己的员工最有利的，但是它们采取的方法是截然不同的。哪一种方式是正确的？这需要视情况而定。皮克斯的员工会认为在24小时开放的办公楼里工作才是一种正确和积极的体验。而对于巴塔哥尼亚公司的员工而言，这种做法会让公司显得十分虚伪，因为该公司鼓励员工在工作之外体验大自然。公司文化的构建无法按图索骥，每个公司都需要"因地制宜"。对此，马云是这样说的："你要向你的对手学习，但是不能抄袭。要是抄袭你就完了。"[13]

公司文化发生改变的一个戏剧性的案例出现在迪士尼动画工作室。2006年，迪士尼动画工作室在收购了皮克斯动画工作室之后，让皮克斯的领导层掌控了该公司。这是某种形式的反向收购，被收购的皮克斯反过来接管了发起收购的迪士尼动画。迪士尼动画在其大名鼎鼎的创始人的领导下确立了自己的行业地位，但是当时它不再是业界的标杆。实际上，它所出品的影片在艺术和商业上都是失败的，很快会被人们遗忘。一位迪士尼动画的老员工表示："我不知道我们在哪儿出了错，不过公司的高层并不真正地热爱动画片，这也对公司造成了影响。"[14] 沃尔特·迪士尼所构建的积极的公司文化没有被公司下一代的管理者所接受。

新的领导层耗时数月观察公司的运营状况，并聆听公司各级员工有关怎样才能让公司重返巅峰的意见，以此来找出困扰迪士尼动画的问题。他们所做出的第一个决定与公司的架构有关。当时，公司内外的有关人士希望两个公司合并，这实际上会让迪士尼动画工作室被更为成功的皮克斯所吞并。皮克斯公司的领导者约翰·拉塞特和艾德·卡特莫尔有着完全不同的看法，他们认为最好的做法是依旧保持两个公司的独立。他们希望继续保留每个公司的历史和特点。迪士尼动画成立于 1923 年，曾经主打手绘动画；而皮克斯则是电脑动画的创始者。每个公司的发展都需要引入新的工具和技术，但是也都需要坚持传统。他们还采取措施，限制两个公司的员工之间的交流和相互影响（限制每个公司参加会议的人员，并限制他们在会议上所发挥的作用）。他们希望皮克斯能够保持创造出了《玩具总动员》等成功影片的公司文化，同时希望迪士尼能够重返出品经典影片《白雪公主和七个小矮人》时的光辉岁月。他们并不想把迪士尼变成皮克斯的复制品，而是希望迪士尼更像迪士尼。于是，新的领导层用 20 多年前他们在皮克斯学到的经验对迪士尼做出了一些改变。他们首先否定了迪士尼的衰落是源于人才的缺乏。迪士尼的大多数员工技术精湛、工作投入。但是，迪士尼原有的管理层对于动画和优秀的故事缺少激情。"他们都不想做动画，全都如此，"皮克斯的一位管理者说，"我们让这样的人卷铺盖走人了。"然后，新的领导层组建了一个被他们称为"智囊团"的团队来帮助迪士尼走上正轨。这个团队中的很多人对制作成功的电影有着丰富的经验，这个团队会在电影的制作过程中对其进行评审。智囊团会首先对正在制作中的一部影片进行评审，然后坦率认真地就电影的优缺点交换意见。这个团队所提出的建议并不会强加给导演，但是他们必须认真地对待这些建议。迪士尼大片《冰雪奇缘》（*Frozen*）的导演在谈及这些评审会时说："有时，会议结束后你会感到筋疲力尽，但是你绝不会在走出会议室后感到茫然无措。"[15]

为了复兴迪士尼动画所做出的第二项改变是对迪士尼

总部大楼进行改造，并在改造的过程中强调个人的创造性。皮克斯的 CEO 艾德·卡特莫尔描述了首次造访迪士尼动画工作室总部时所观察到的刻板的氛围——每一张桌子都整洁有序，员工们非常礼貌和专业。访问当天，他向接待方反映了这个问题。他被告知，迪士尼的员工希望给他留下良好的印象。卡特莫尔和拉塞特表示，一个富有创造力的环境不会是像会计师事务所那样的。他们建了一个装修得相当"幼稚"的"聚会场所"，里面贴满了色彩丰富的动画人物和电影海报，它们都来自迪士尼近期出品的动画片。十岁的孩子一定会喜欢这样一个地方。迪士尼同样鼓励公司的员工以自己喜欢的风格装饰自己的办公区域——最好是色彩丰富一些，古灵精怪一些。新的领导层之所以这样做，就是为了打造一个富有创造性的集体——员工们对于他们的电影有着共同的激情，也肩负着制作出优秀电影的共同使命。

每个优秀的公司都相信它们自己是独特的。本书中所提到的这些公司同传统的公司有着明显的不同，从企业文化的角度来看，它们相互之间也存在着不同。

优秀公司的企业文化[16]	
公司	**公司文化中有关工作环境的内容**
阿里巴巴	**湖畔精神**：体现公司成立之初的创业精神，强调对工作共同的激情和对成功的渴望。
爱彼迎	**归属感**：培育集体感，在员工之间建立紧密关系。提升员工在公司的工作体验。
奈飞	**自由和责任**：雇用优秀的人才，让他们与同样优秀的人才一同工作。让他们享有工作的自由度，同时要求他们对业绩负责。
巴塔哥尼亚	**努力工作，尽情玩乐**：组成一支热爱自然、"离经叛道"的"邋遢鬼"们的团队，他们对工作和娱乐有着共同的激情。
皮克斯	**通过合作催生创造性**：打造一个富有创造性的集体，其成员对事业和彼此有着强烈的责任感。
全食超市	**民主原则**：在公司的运营方面给予员工充分的发言权，同时执行一系列促进业绩提升的措施。
捷步达康	**传递快乐**：让捷步达康的员工快乐。

　　大多数公司的企业文化平淡无奇、放之四海皆准，所有的原则都可以简单套用到其他公司上（"我们关注客户及他们的需求""团结是关键""质量高于一切""协作对我们的成功至关重要"）。鉴于这些优秀的公司所具有的特性，我们可以问一问，这些优秀的公司在文化上有多少相似之处？

员工在其公司和团队中工作的体验和由此产生的情感有什么相似之处？

优秀公司的企业文化		
	优秀的公司和团队	**效率低下的公司和团队**
全力以赴	对于公司的目标、价值观和成功有着强烈的责任感；热情洋溢、雄心勃勃地渴望干一番事业。	工作就是工作；缺少责任感和主动性；缺乏活力。
自主权	给予必需的自主权和权力对如何实现团队的目标做出决策；扁平化的组织结构。	对于员工的目标、工作过程和决策进行自上而下的控制和监督；拘束性的管理体系。
透明度	对业绩和表现有明确预期；公司和领导者会以公开和可信的方式公开信息。	罕有信息分享；信息从高层开始传达。
责任	员工要对自己工作的方式和表现负全责；对于优异的表现，团队会给予奖励，反之则会受到惩罚。	业绩目标相对模糊；没有人对低于标准的表现承担责任；不会对优异的表现给予奖励。
有趣	在工作中找到快乐；享受与同事的交流	没有活力的工作场所；对公司的设想、文化和领导不屑一顾
集体感	具有集体感，愿意帮助他人；高度互信	冷冰冰的官僚主义的氛围；互不信任；自私自利

本书中提到的优秀的公司拥有所有上述的特质，虽然不同的公司有着不同的侧重点。奈飞侧重于严苛的一面（强调责任），而捷步达康则体现了温情的一面（重视充满乐趣的工作环境）。在营造企业文化时，首先要做到的就是判断自己的公司或团队需要哪些特质，但这仅仅是第一步。创造了企业的文化的措施和行动要求公司——特别是公司的领导层——拥有高度的责任感和创造力。

全力以赴

爱彼迎努力地让员工的工作更有意义。首先，该公司更为远大的目标是在全世界范围内创造信任和归属感。这一"更高的使命"迎合了许多人——千禧一代和其他人——的需求，他们希望在一家能够为世界做贡献的企业里工作。第二，爱彼迎的员工在很大程度上能够决定自己参与什么项目。公司员工可以根据自己的兴趣和技能变更自己所参与的项目。由于连贯性对项目的完成十分重要，因此这样的情况并不经常发生，不过员工和他们的主管会为了保证员工全身心投入到工作中而做出改变。第三，爱彼迎重视公司的工作环境。公司希望员工们能够感受到来自同事的支持和与同事之间的联系。为此，爱彼迎制定和实施了许多政策和措施。该公司会雇用"真正的信徒"，并在重要的工作中给予他们最大的支持。

巴塔哥尼亚公司同样有着远大的目标——它不只关注增长和销售额。巴塔哥尼亚公司的目标是能够成为一家百年老店，公司领导层认为，这就需要公司以适当的速度发展。它的主要目标就是要减轻公司对环境造成的影响。最近巴塔哥尼亚公司赞助了一项研究，这项研究旨在调查用于该公司羊毛外套中的人造纤维对于海洋及河流所造成的影响。调查发现，在洗涤过程中，人造纤维衣物中的脱落物会对公共水域造成潜在的污染。执着于公司使命和文化的巴塔哥尼亚公司公布了这项研究结果并将考虑它与其他同行怎样才能最大限度地减小对环境的破坏。该公司也同样赞助了一些科技含量相对较低的活动，比如说"旧衣"项目。该项目鼓励人们修补旧衣服，或对旧衣服进行循环利用（而不是丢了旧衣服再买新衣服）。一辆生产于1991年、使用生物能源的道奇卡车会走街串巷，停在巴塔哥尼亚零售店、农贸市场、国家公园和咖啡店等地方，为人们提供免费的衣物修补和环保宣讲。

自主权

全食超市采取高度分散式的管理方式是因为它相信，越是接近顾客，越能明白如何最好地为顾客服务。该公司还相信，从基层开始并且被其他地区接受的创新项目才最有可能成功。全食超市的加利福尼亚州索诺玛门店是该公司第一家开设葡萄酒酒吧的店面。它在加利福尼亚州威尼斯（Venice）的门店首先开设了一个康普茶吧。而在得克萨斯州达拉斯市（Dallas，Texas）的门店则首先推出了 SPA 服务，该店还会为正在做 SPA 的客人提供代客购物的服务。佐治亚州奥古斯塔（Augusta，Georgia）——美国高尔夫名人赛的举办地——的全食门店在店内设置了果岭。上述创新的尝试都不是来自公司总部的命令，甚至也不是源于总部的建议。这些试验并不是全食超市更大规模的变革的一部分——公司所主导的变革是为了吸引新的顾客，具体措施包括邀请公司外的供应商入驻它开设的新连锁店"365"，这样就可以用更低廉的价格和一系列量身定制的产品吸引年轻、对价格更加敏感的消费者。

　　奈飞同样认为，员工及其团队应该对如何开展工作有自由裁量的权力。该公司费心费力地雇用想要出人头地的优秀人才，并让他们拥有实现目标所需的自主权。公司不希望以流程来代替员工高水平的表现。它认为最优秀的员工会希望得到更多的自主权，不希望按照别人的要求做事。因此，公司会自问："我们真的需要这样的流程吗？有没有简单的办法让大家都轻松一点？"奈飞想要尽可能减少强制性的流程和政策。它所保留的少数规定都是为了避免发生重大事故（比如盗窃客户信用卡信息）或是员工的违法行为（如办公室性骚扰）。[17] 奈飞不仅简化了工作流程和行政性要求，还取消了对员工休假的限制。[18] 每个员工可以自行决定休假时间，只需要同他们的主管进行必要的沟通避免出现混乱。该公司也没有指定详细的报销费用细则（如机票和住宿标准），仅仅是要求员工像花自己的钱一样使用公费。奈飞的费用标准就是"符合公司的最大利益"。公司的另一项举措是取消了绩效考核，而是以持续的主管／雇员讨论结合周期性的同侪反馈取而代之。有一些评审会当面进行——一组员工会当面对他们的一位同事提出意见。奈飞制定这些措施时的人力资源主管帕蒂·麦科德（Patty McCord）说："为了进行绩效考评而大费周章不会对业绩起到提升作用。"[19]

透明度

全食超市是世界上透明度最高的公司之一，它会向自己的员工公开大量信息。在该公司，每个人都能够知晓所有团队、门店和公司的业绩。全食超市要求共享尽可能多的信息，其中包括业绩数据以及公司关键决策背后的原因。全食超市 CEO 约翰·麦基解释了公司为何致力于公开信息：

> 高度互信的团队可能存在透露过多信息的风险。一些有价值的信息可能会被不适当的人所获取，但是因为我们致力于向员工赋权并促进互信，我们必须乐于冒这个风险。使公司更有透明度并建立可信的沟通方式是每个公司所面临的持续性挑战。我们必须继续清除前进道路上的障碍，要知道没有透明度和可信的沟通就无法维持公司内部的高度互信。[20]

在奈飞，透明度也十分重要。但对奈飞来说，透明度不仅仅意味着数据和标准，更多的是要清晰地表明公司所持的立场和实现目标所需要完成的任务。该公司发展中的一个关键节点出现在它成立早期，那时公司出现了入不敷出的状况。三分之一的员工被遣散，公司将其脆弱的财政状况告知了剩下的员工。奈飞的领导层相信，当领导层对员工撒谎，或就公司的业绩、关键决策，甚至是员工在公司的处境"要花样"时，员工们都能识破。于是，奈飞会坦诚地与员工沟通。新员工会在新人介绍会上被告知，公司并不是家庭，而是一个团队，而成功的团队会随时升级它的人才储备。员工也会被告知，如果他们不好好表现，那么就会遭到解雇。公司也会让员工关注他们在劳动市场上的价值，然后让他们与主管和人力资源部门进行讨论。公司希望能为员工支付符合市场贡献的薪酬。

责任

奈飞强调，公司的团队和员工必须对他们的成绩负全责。如果有员工的表现配不上公司所赋予的自主权，那么公司就会让他们拿着遣散费走人。如果有人犯了错误或者表现不佳，那么公司会给他们时间加以改正，但是留给他们的时间不会太多。[21]在奈飞，责任意味着努力、刻苦，对当下表现的评估很大程度上与过去的成绩无关。对于一些人来说，这是一个残酷的现实，但是奈飞并不会为了这些人做出改变。相反，该公司会想方设法雇用那些能够在它的公司文化中成长的人，远离或是解雇那些与此格格不入的人。奈飞关于公司文化的介绍是如此描述这种做法的：

奈飞：我们追求优异表现的企业文化并不适合所有人

很多员工喜欢我们的文化，并长期在公司发

展，如果公司遣散他们，他们会感到非常失望。
他们与公司相互鼓励，相互尊重。

有些人把工作的安全和稳定看得比工作表现更
加重要，那么他们不会喜欢我们的文化。这些人
会在奈飞感到恐慌。

我们雇用前者，并帮助后者认识到我们的公司
并不适合他们。[22]

捷步达康的公司文化比奈飞更加温和，但是它用创新性
的方式来保证员工对工作负责。捷步达康强调为客户服务，
为客户创造快乐。公司会跟踪一系列数据，如处理通话的
数量，但是它不会给通话时间和额外的推销额设置目标。
这个公司所采取的主要标准是它所谓的"个人情感联系"。
公司每周都会进行几次评估，它会对通话进行监听，并评估
客服中心员工的效率。员工的评分会被公布，尚待改进的
问题也会得到讨论。另外一个重要的标准被称为"净推荐
值"。公司会对大量用户进行跟踪调查，将会向其他人推荐
捷步达康的用户与给它差评的用户进行比较。公司每天都
会追踪净推荐值，并公布顾客的评分。

有趣

对于适应了更为拘束的公司环境的人来说，阿里巴巴的文化显得有些奇怪。这个公司像一个大家庭，员工之间的关系与其他公司大不相同。比如说，马云要求员工以中国武侠小说中的人物作为自己的"花名"。马云自己的花名所蕴含的意义是"不可预测、以攻为守"。[23]马云认为，员工应该愉快地为公司和领导效力。因此，他会在公司的年会上为员工表演——有一年，他在 15000 名员工面前扮成Lady Gaga，并演唱了流行歌曲。他会在一年一度的"阿里日"举行的集体婚礼上为身穿礼服的公司新人们送上祝福。马云因为这些行为而被人成为"疯狂马云"——这位阿里巴巴的创始人正在将这个公司打造成全世界第一个万亿美元级别的公司。

捷步达康与阿里巴巴也很类似，它也同样认为"玩"对公司有利。该公司会举办各式各样的活动来提升员工工作中的幸福感。这一年过去的几个月中，捷步达康举办了下列活动：

在音乐和绿啤酒中，以最佳苏格兰裙评选比赛庆祝圣帕特里克节（Saint Patrick's Day）。

　　在"圆周率日"（3 月 14 日）举行吃派比赛。
这个比赛的获胜者在没有用手的情况下 5 分钟内吃
掉了两个派。

　　在公司总部大楼举办了一场由 Mercy Music 乐
队主唱的音乐会。

　　在闰日（2 月 29 日）为员工放假一天，鼓励他
们去完成一件自己想做的事情。而公司 CEO 谢家
华则主持了公司一对员工的婚礼，许多捷步达康的
员工和谢家华的两只宠物羊驼也参加了婚礼。

　　在公司总部举办了一场庆祝春节的活动。[24]

　　本书提到的这几个公司的领导者在"有趣"这方面同
传统公司的领导者有所不同。以全食超市的 CEO 约翰·麦
基为例，他请了 6 个月的假，徒步穿越阿巴拉契亚小径
（Appalachian Trail）。而巴塔哥尼亚公司的创始人伊冯·乔
伊纳德尽管年事已高，但依然积极参与危险的户外活动。[25]

集体感

　　皮克斯认为，应该在公司内营造集体感。其结果就是，
该公司的员工更愿意相互帮助。该公司的一位员工说："各

层级的员工相互支持，这十分重要，也是我们与其他电影公司的区别。所有人全力帮助别人取得最好的工作成果。他们真诚地认可'人人为我，我为人人'。"[26] 皮克斯的一位导演丹·斯坎伦（Dan Scanlon）说：

> 有时候，一些公司会遭遇挫折，停滞不前，这时就需要有约翰·拉塞特那样的不忘初心的人。当工作出现问题时，他会说，"你要对你的错误负责，但在这里你不会遭到责备。"在伦敦做自由职业者时，我如果犯下大错就会失去工作。而在这里，他们会说，你必须从中得到教训，努力做得更好。这里是我工作过的最能带来成长的地方。你必须承担责任。[27]

至少在皮克斯，集体可以让员工们跨越团队的界限进行思想交流。皮克斯认为，不同团队的员工应该时常进行交流。史蒂夫·乔布斯——从乔治·卢卡斯（George Lucas）手中买下了皮克斯——坚持要求在公司的大楼里设一个公共区域，强制不同团队的员工在此进行交流。因此，公司大楼的设计就把员工从自己的办公室"拖到"了公司的中心区——那里有公司的餐厅、咖啡馆、邮箱和洗手间。乔布斯相信，如果要交换新的想法、分享员工各自的经验，那么员工之间的私人交流就是十分重要的。皮克斯的理念就是要打造一个能够自由交流思想的集体，而总部大楼的设计就是这种理念的明确体现。该公司制定了一条规则，公司里的所有人都可以在未经允许的情况下同任何人交流想法或对任何人提出要求。这一规则与公司的一位创始人20多年前在迪士尼工作时不快的经历有关。在当时的迪士尼的公司文化中，员工如果要同其他部门打交道必须得到主管领导的批准，这就导致了公司刻板的企业文化——公司的员工更加在意守着自己的"一亩三分地"，而并不是团结协作共同制作优秀的电影。相反，皮克斯强调应该自由地在电影制作过程中表达自己的想法。卡特莫尔突出了文化对公司成功的重要性：

> 如果我们做得足够好，那么公司就会成为一个朝气蓬勃的集体，富有才华的员工忠于彼此和他们共同的作品，他们都会认为自己是优秀的团体的一部分。而他们的激情和成就会让这个集体像磁铁一样吸引其他公司的优秀员工和刚刚走出校园的人才。[28]

　　捷步达康拥有 1500 名员工，营收达到 20 亿美元，它也具有集体性的文化特质。它在网站上写道：

　　　　我们不只是一个团队，我们还是家人。我们相互关怀、相互照顾，甚至超越了彼此。因为我们信任彼此。我们一道工作也一同消遣。我们之间的关系不仅仅是大多数公司里的"同事"关系。[29]

　　捷步达康的目标是要增进客户以及员工的快乐。公司雇用什么样的员工，如何对待加入公司的员工，都会受到这个目标的影响。公司在对自己的价值观的介绍中明确地表示："最好的团队成员能够对同事和同他们相识的人产生积极的影响。他们努力消除人际关系中的消极负面影响。他们也会与同事以及和他们打交道的所有人建立和谐的关系。"[30]

　　捷步达康为了创造积极的工作环境采取了一系列举措。该公司的创始人相信，通过个人之间的交往能够令员工黏合在一起。因此，公司要求员工在办公室里工作，而非远程办公。捷步达康的 CEO 表示："我们希望以公司文化为基础来构建公司，因此企业文化是公司的头等大事。比起通过电子邮件，以面对面的方式更容易营造企业文化。"[31] 捷步达康还希望员工在工作之外一起参加社交活动。公司希望管理人员能够花 20% 以上的业余时间与团队成员在一起。早在公司建立之初，捷步达康就发现很多申请管理岗位的人并不喜欢在业余时间与同事交往，在视公司为亲密家庭的捷步达康，这是一个大问题。这一点是不可妥协的，它绝不会雇用将自己的私人生活和工作截然分开的人。

为了在员工之间建立紧密的关系，捷步达康还会使用创新的科技手段——被其称为"人脸识别游戏"。公司的员工登录公司电脑，其他同事的照片就会映入眼帘，他们会被要求说出照片里的同事的名字。作答之后，电脑会显示这位同事的职位介绍。系统根据员工认人的能力打分。得分越高说明员工在公司里的关系越好。公司也会查看这个游戏的相关数据，以了解公司团队中的关系网络。

我们对所处环境的看法、我们认为重要的事情，以及如何从事我们的日常工作，这些都会受到公司文化的影响。小说家戴维·福斯特·华莱士（David Foster Wallace）恰如其分地指出，人总是会想当然。他表示，我们有时需要抵制这种倾向，不要简单地陷入"预设模式"中——我们会对发生在身边的事情做出快速的判断。华莱士的看法同

样也可以适用于公司和团队的文化上。 他用一个简单的类
比来阐释自己的看法：

> 有两条鱼一起在水里游。 他们在不经意间遇到
> 了一条老鱼。 老鱼向他们点头致意并说："孩子们
> 早上好！ 这水怎么了？"两条鱼继续游了一会儿，
> 最后其中一条小鱼对另一条鱼说："这水到底出什
> 么问题了？"[32]

华莱士想说的是，对于常见的东西，我们常常视而不
见，不会提出质疑或对此加以讨论。 实际上，人们会忽略
习以为常的东西。 优秀的公司和它们的团队更加能够认识
到自己的文化，也会深思熟虑什么是它们所需要的和什么又
是不需要的。 它们会阐明重要的事项，并且持续地探讨它
们的所作所为是否符合其特殊的信念和价值观。 我们能从
这些公司和团队中学到的是，有必要对自己公司的文化进行
审视，并坚持对其加以纠正。

小　结

优秀的公司会建立一个独特的既严苛又温情的公司文化，它们会清晰地表明公司所需要的特质和情感。它们不会模仿别的公司。

它们会制定正式或非正式的机制来强化这些特性。它们会明确其希望员工感受到的工作体验。

因此，团队成员能够明了公司对他们的期待——哪些要做，哪些不该做——以及什么是重要的，什么是被禁止的。

◆ 1 · The concept of hard and soft edges is from Rich Karlgaard's book The Soft Edge: Where Great Companies Find Lasting Success (San Francisco: Jossey‑Bass, 2014).

◆ 2 · Note that hard and soft are not the same as strong and weak. Strong corporate cultures are those where there is a high level of consistency in what people think and feel. Weak cultures are those where there is wide variation in what people think and feel. Strong is generally better than weak unless the company's culture is out of sync with what is needed to be competitive (in that case, people share a set of beliefs that are dysfunctional).

◆ 3 · Edgar H. Schein, Organizational Culture and Leadership (San Francisco: Jossey‑Bass, 2010).

◆ 4 · While the difference may be subtle, I think of beliefs as being based on deeper‑level cognitive assumptions. Feelings, in turn, are based on deeper‑level, more visceral emotions.

◆ 5 · Howard Schultz and Joanne Gordon, Onward: How Starbucks Fought for Its Life without Losing Its Soul (New York: Rodale, 2012), 117.

◆ 6 · Ibid. Also, Mark Bonchek, "How to Build a Strategic Narrative," Harvard Business Review, March 25, 2016, 141‑42.

◆ 7 · There is a long‑standing debate on the difference between organizational culture and climate. Some authors distinguish between the two by arguing that culture is "the way we do things around here" while climate is "how it feels to work here." Most definitions, however, are more complex and include different views in regard to the causal relationship between culture and climate (for example, does culture determine the climate?). My position is that culture includes climate and the emotional feelings of people at work. These feelings are not the surface of work life but the most fundamental aspect of how a company operates. For a detailed exploration of culture and climate, see Benjamin Schneider, Mark G. Ehrhart, and William H. Macey, "Organizational Climate and Culture," The Annual Review of Psychology 64 (2012), 61‑88; Daniel R. Denison, "What Is the Difference Between Organizational Culture and Organizational Climate? A Native's Point of View on a Decade of Paradigm Wars," The Academy of Management Review 21 (1996), 619‑54.

◆ 8 · Mollie West, "Ideo: The 7 Most Important Hires for Creating a Culture of Innovation," Fast Company, April 19, 2016.

◆ 9 · "Best Places to Work," Glassdoor, www.glassdoor.com/Best-Places-to- Work-LST_KQ0,19.htm. The rankings are based on a total of 1.6 million employee reviews across all companies in the database.

◆ 10 · Consider that 50 percent of the American population is now single. Nearly the same percent of women don't have children. While this doesn't mean that work becomes all important to these people, we can assume that in some cases work will play a more central role in their lives. Nor am I suggesting that those who are married or with children view work as any less important than others—only that those who are single and without children have fewer demands on their time and attention.

◆ 11 · Kim Cameron, Carlos Mora, Trevor Leutscher, and Margaret Calarco, "Effects of Positive Practices on Organizational Effectiveness," The Journal of Applied Behavioral Science 47 (2011), 266‑308. See also Emma Seppala,

"Positive Teams Are More Productive," Harvard Business Review, March 18, 2015.

◆ 12 · "Staying One Step Ahead at Pixar: An Interview with Ed Catmull," McKinsey Quarterly, March 2016.

◆ 13 · Sonia Kolesnikov-Jessop, "Spotlight: Jack Ma, Co-Founder of Alibaba. com," New York Times, January 5, 2007.

◆ 14 · Caitlin Roper, "Big Hero 6 Proves It: Pixar's Gurus Have Brought the Magic Back to Disney Animation," Wired, October 21, 2014.

◆ 15 · Ibid.

◆ 16 · Note that this is my interpretation of each firm's culture based on their own statements, articles, and books on how these companies operate and my own interviews. Also note that the cultural themes outlined are different than the missions of these firms—culture speaks to the experience of working in a company versus the mission to which each firm is dedicated. Mission and culture are related but not the same.

◆ 17 · "Netflix Culture: Freedom and Responsibility." Internal presentation, slide 61, available at www.slideshare.net/reed2001/culture-1798664.

◆ 18 · People in certain Netflix areas, such as finance, can't take time during a critical period at the beginning or end of a quarter due to the demands of the generating an earnings report. Also, people need to inform human resources if they are going to take more than 30 days off at any point in time.

◆ 19 · Patty McCord, "How Netflix Reinvented HR," Harvard Business Review, January–February (2014).

◆ 20 · Whole Foods Market website. Creating the high trust organization. http://www.wholefoodsmarket.com/blog/john-mackeys-blog/creating-hightrust-organization

◆ 21 · "Netflix Culture: Freedom and Responsibility," slide 22: "Unlike many companies, we practice: adequate performance gets a generous severance package." slide 111: " ⋯ We don't want employees to feel competitive with each other. We want all of our employees to be 'top 10%' relative to the pool of global candidates. We want employees to help each other, and they do."

◆ 22 · "Netflix Culture: Freedom and Responsibility," slide 38.

◆ 23 · Jena McGregor, "Meet Alibaba's Jack Ma," Washington Post, May 6, 2014.

◆ 24 · From the Zappos LinkedIn website posting.

◆ 25 · A kayak trip Chouinard took in 2015 with a group of his friends resulted in the death of Chouinard's fellow entrepreneur Doug Tompkins. See Stewart M. Green, "Doug Tompkins Dies in Kayaking Accident in Patagonia," Alpinist, December 9, 2015.

◆ 26 · Robert Bruce Shaw interview.

◆ 27 · Jonny Elwyn, "Lessons in Creativity from Pixar's Top Creatives," Premium Beat, March 28, 2014.

◆ 28 · Ed Catmull, "How Pixar Fosters Collective Creativity," Harvard Business Review September (2008).

◆ 29 · Zappos Family Core Value #7: Build a positive team and family spirit, www.zapposinsights.com/about/zappos/our-unique-culture.

◆ 30 · Zappos Family Core Value #7.

◆ 31 · Steven Rosenbaum, "The Happiness Culture: Zappos Isn't a Company— It's a Mission," Fast Company, June 4, 2010.

◆ 32 · David Foster Wallace, "This Is Full Water," commencement speech to Kenyon College class of 2005, www.youtube.com/watch?v=8CrOL-ydFMI.

第六章

习惯于坐立不安

说点儿我不想听的[1]

马云是一个极具个人魅力，甚至在有些人看来相当古怪的领导者。他在二十多年前创立了阿里巴巴。他与他的 17 个朋友共同追求着一个大胆的目标——马云想要统治中国的电商市场，然后将他的公司扩展到全世界。起初，阿里巴巴致力于促进外国买家与中国制造商之间企业与企业的交易（B2B）。它想帮助中国的中小型企业进入国际市场。经历了几年的快速增长之后，阿里巴巴打造了它的另一个网站，以此为零售商提供服务。这样一来，它就与一个规模更大且更成熟的竞争对手易趣（eBay）开始短兵相接。阿里巴巴之所以要这样做，是因为马云认为，易趣最终会争夺它在企业间交易领域的客户。所以，阿里巴巴认为最好的防守就是强有力的进攻。

马云并没有动员全公司来做这个新的网站。他挑选了六个同事进行这个秘密的项目。他们不能同公司里其他的同事，甚至是他们的家人透露这项任务。这些人因此受到了"隔离"——他们在阿里巴巴成立的最初几年所在的一个公寓里工作，甚至常常住在那里。公司要求他们做出一个更加符合中国消费者偏好的网站，将易趣取而代之，继而成为世界上最成功的电子商务公司。马云将他的小团队同易趣之间的斗争比喻为大卫大战歌利亚（David versus Goliath），他喜欢这样。他把公司的未来交给了六个专注于实现一个大胆的目标的人。[2] 他的信任得到了回报。[3] 多年之后，易趣在搭上了 2.5 亿美元和自己的名声之后黯然退出了中国市场。[4] 阿里巴巴的崛起引起了人们的注意，这个共产党中国的一个不知名小公司打败了一家来自美国硅谷的知名企业，而这个硅谷巨头财力更加雄厚，技术也更精良，还有着更加清晰的行动计划。[5]

　　阿里巴巴继续前进，并涉足许多其他业务，如支付宝——它提供为中国市场量身定制的财务服务，就像贝宝（PayPal）那样，以及阿里云——如同亚马逊云计算服务。阿里巴巴集团现有 25 个业务单元，3.8 万名员工，以及超过 3.7 亿活跃用户（这个数字比美国的人口都要多）。它现在还是中国最大的零售平台，能为顾客提供一切他们所需要的东西——从衣服到百货再到汽车。[6] 通过中国的邮政系

统运送的包裹里，有 60% 来自该公司。[7] 而阿里巴巴还要用
IPO 所募集到的资本进行下一步运作，打入印度、巴西等新
的市场。[8]

如果没有阿里巴巴在战略和运营上的一系列胜利，该公
司不可能取得如此卓越的成功。中国政府为阿里巴巴的发
展提供了很大的支持，它在很多领域——比如支付宝（这
让阿里巴巴能够向客户提供对建立用户信任和忠诚度十分
关键的服务）——给了该公司一些特权。而它的首要竞争
对手的失误也帮助了阿里巴巴。当时易趣的短期目标在于
上市，因此面临着巨大压力，因为它需要证明其在中国巨额
投入的合理性。易趣还希望在中国复制它在美国的成功经
验，这也阻碍了它在中国的发展。比如说，易趣要求中国
分支在同美国团队一样的技术平台上运营。据说，由于随
之而来的官僚作风，仅仅是要在易趣的中国网站上改一个词
就需要 9 周时间。而在阿里巴巴，这样的改动仅需数小时，
这样的灵活性让它能够有效地应对用户和市场情况的变化。[9]
除了这些因素之外，我们还要问，阿里巴巴是如何取得这样
卓越的成就的？

助力阿里巴巴成功的一个因素是，它雇用合适的员工。
公司搜罗那些具备企业家精神的人——有抱负、抱定决心
决不放弃。[10] 与很多创业公司一样，阿里巴巴找的是那些和

它的创始人性格相似的人。 马云认为这样的人是十分宝贵的，因为他们遭遇过一些挫折，不得不为成功而奋斗。 他所雇用的员工在学校里都不是优等生，马云认为优等生不具备在中国这样艰苦的市场上应对挫折的承受力，而在中国的市场上，失败太普遍不过了。 马云同样认为，有着鲜亮简历的人常常无法与他人打成一片，他们会因为自己的成功而感到高人一等。 所以这样的人无法与同事协力合作，而阿里巴巴正需要团队精神。 马云喜欢说，一个有着清晰的目标且团结如家人的团队能够打败比自己强大十倍的对手。

马云作为领导者的特质就是他的激情——他在工作中有着极大的热忱和决心。 他希望团队成员也有同样的激情。 这造就了阿里巴巴高标准严要求的工作环境，它的员工往往长时间地热情工作。 而且，阿里巴巴鼓励员工进行激烈的辩论，它认为这样的冲突是不可避免的，且是富有成效的。 公司的领导对于会议期间出现的争吵持开放态度。 实际上，阿里巴巴将这种团队成员之间的争吵视为他们发自内心的追求卓越的表现。[11] 一位公司的内部人士就阿里巴巴的公司文化写道："阿里巴巴的员工不是有礼貌的绅士，或者照章办事的人。 他们抱有极大的野心，他们激进而富有进取心。 在会议结束时，每个员工都会因为争吵而面红耳赤，他们就是咆哮着开会的。 会议往往很激烈。"[12] 但这不意味着阿里巴巴平时的环境就是这样，公司不允许员工进行人身攻击。但是，公司希望员工质疑别人的观点，如果他们有更好的想法。马云认为，大多数公司之所以陷入困境就是因为他所说的"小白兔文化"。在这些公司里，员工们和谐相处，但是不会相互质疑。于是乎，公司的业绩受到损害，并逐渐衰败。

阿里巴巴鼓励团队合作的方式与很多公司不同，那些公司将激烈的冲突——特别是会议上的冲突——看作巨大的麻烦。它们害怕这样的冲突会抑制员工提出受到所有人支持且能够有效执行的方案的能力。所以这些公司倡导员工以协作甚至是礼貌的方式打交道。它们解决冲突的方式，要么是在团队会议之外进行一对一的对话，要么是通过游说团队领导（然后由团队领导来评估这些不同意见，并做出最后的决定）。虽然这个方法有时是有效的，但是当冲突无法在团队层面得到公开的讨论和解决时，这种方法就会失去作用。在优秀的团队中，团队会议的良性争论能够产生良好的结果。而在普通的公司中，一个圆满的会议意味着大家和和气气，所有人都对一个最佳的方案表示认可；而冲突被认为是团队出现问题的信号。这些公司不是不看重结果，而是它们更看重员工团结合作的能力和团队协作的意愿，甚至重于公司的成绩。

社会学家欧文·戈夫曼（Irving Goffman）对主导社交的非正式规则进行了研究。他发现，对人们的行为影响最大的一个因素是他所谓的"维护面子"（face saving）。[13]戈夫曼用"面子"一词来表示人们在特定的环境，特别是在公共场所或团队中对自己角色的定位。举例来说，有些人希望被别人看作技术专家，而另一些人希望被视为团队中最具创造力的人。戈夫曼说，人们为自己所设定的角色注入了许多感情，同时希望寻求他人的支持来强化他们对自己的定位。对某人自我设定的角色进行挑战，会让他感到焦虑，有时候也会造成人际关系的紧张而给团队带来更大的麻烦。为了避免这种状况，人们往往会对他人的自我认知——通常来说也就是他们在公司或团队中的地位——表示认可。为了在与其他人打交道时让所有人都能够有面子，人们往往都很有礼貌。这就产生了一种潜规则：如果你支持我的角色设定，我也会对你所想要扮演的角色表示支持。

从戈夫曼的结论中，我们可以推断出，简单来说，人们对自己的基本角色的期待就是成为一个重要的团队成员。大多数人希望能够成为集体中的一份子，相反，被排斥在集体之外会让他们感到恐惧。在公司里，被团队接纳意味着一个人的想法或行动被认为有助于团队的成功。"维护面子"从这个角度来说，也就意味着受到其他同事的重视。

如果团队成员诚实地表达自己的观点，那么他们可能会面临破坏"维护面子"这一规则的风险。他们可能会暴露别人想法当中的缺陷，也可能破坏他人作为受尊重的团队成员的地位。更加直接的挑战在于，这样的做法会被团队里的其他成员视为人身攻击，从而破坏人际关系和团队精神。我曾和一些团队共事过，在那里，有的人会因为别人在团队当中与他们"作对"而记恨多年。"维护面子"的举动所带来的问题是，对于与团队成功有关的问题，员工们很少直抒胸臆。维护面子的做法，虽然可以理解，但是弊大于利，因为团队成员不再愿意表达自己的意见。

乌苏拉·伯恩斯（Ursula Burns）在成为施乐（Xerox）的 CEO 之后认为，对于这个一度濒临破产的公司来说，营收增长是公司的重中之重。为了达到这个目标，她认为公司的文化必须改变。她希望员工相互之间不要过于克制，要更加直接地表达自己的看法。在一起工作了数十年的人不愿意相互批评，即便在涉及有关战略性威胁或公司在经营中所遇到的威胁时也是如此，伯恩斯将这种情况称为"终极亲善"。伯恩斯在谈到施乐亲如一家的紧密关系时表示，她希望员工们能够像她所说的那样成为真正的家人，也就是说他们可以更加直言不讳甚至更加严格，因为他们彼此都关心着对方。[14] 她说："在家里，你不必像对外人那样亲善……

我希望我们礼貌而友善，但是我们必须坦诚，之所以能够这样做，是因为我们都是一家人。"[15] 她还认为，施乐的员工在为公司创造更好的成绩时需要有闯劲，甚至需要粗鲁一些。这对于伯恩斯来讲特别重要，因为在施乐的领导层会议上，管理者们唯唯诺诺，不敢直面问题，只是在会后私下里与伯恩斯交流意见。但是发人深省的现实是，伯恩斯鼓励员工在公司更加开放和直接地交流观点，但数年之后，她依旧发现公司文化所发生的变化并不如预期。

有些人想要避免冲突，则是因为害怕在提出自己的看法后发现出错或是无法获得同事的支持，这会令他们十分尴尬。通常，他们会保持沉默，或是以一种晦涩的方式表达自己的看法，以至于其他人会误解他们的意图。在一些极端的情况下，有的人会在发表自己的看法之前先观察其他人的立场。还有人会更加过分，他们所说的都是他们认为团队的领导者或是在团队中的主导人物想说或会支持的。这时候，人们嘴上虽然会说他们认为争论是有意义的，但是打心底里相信诚实地表达自己的观点会带来风险。理查德·霍尔布鲁克（Richard Holbrook）在其职业生涯中观察到了存在于许多团队中的这一倾向，他评论称：

　　你想要……开诚布公地交换看法、观点或意

见，但是一旦相关的政策确定下来，你就会希望严
格执行。但是在通常情况下……会事与愿违。人
们坐在会议室中，他们没有就不同的观点真正地交
换意见，真正的分歧被虚假和草率的共识所掩盖。
随后，他们会继续带着分歧去工作，甚至相互捣
乱。[16]

领导者的所作所为也会助长这样的行为。因为有时候，
领导者虽然宣称希望进行开诚布公的对话，但是实则想要团
队同意自己的观点或是他所青睐的方案。最后，团队成员
常常对讨论敷衍了事，因为他们知道，起决定作用的依旧是
领导者的好恶。这样一来，整个决策流程就成了一种象征
性的过程，人们看上去在讨论种种可能，但他们深知领导者
已经做出了决定。

然而，在某些团队中，领导者真诚地希望团队成员们能
够对想法进行开放的交流，但是开放的交流没有发生。伯
恩斯认为，施乐出现这种问题的原因是，公司内员工之间长
期建立起来的关系造成他们不愿意质疑其他人，特别是在团
队会议上。团队中没有出现领导者期望的公开交流的另一
个原因在于团队成员的性格。团队的成员可能在过往的团
队中曾经因为坦诚地表达自己的观点而受到惩戒，他们会将

这种消极的经历带到现在的团队中来。这会影响他们对自由表达和与同事的直接冲突的看法。比如说，有的员工曾在一个办公室政治盛行的公司工作，他们在那里学会了婉转地或者是悄悄地表达自己的看法。通常来说，这些人不信任其他同事，也很少表露自己对相关问题的看法。执导过多部皮克斯影片的布拉德·博德认为，这样的员工会破坏团队高水平运转的能力。这些人不会与自己的同事坦率地打交道，甚至有的人还会危害团队所要实现的目标。博德相信，就算他努力营造一个坦诚、健康的团队文化，有着如此性格的员工也不会改变自己的行为。他表示："以被动的方式来体现不满情绪的员工——他们不会在团队中公开表达自己的看法，却在背后搞小动作——非常有害。我能够很快地分辨出这些人，然后将他们清除出去。"[17]

然而，管控团队内的冲突，不仅仅是开除无法适应坦诚、紧张的环境的员工那么简单。公司往往对团队成员有两项要求。团队领导者、同事甚至是公司本身会以不同形式，有时甚至是一种难以捉摸的方式，向员工表达这两种要求。它们分别是：

1. 你必须就团队的决定发表坦诚的看法并提出明确的建议来促进公司发展。如果你不那么做，

那么你对团队就没有做出贡献，也会增加我们在追
求既定目标的过程中失败的可能性。

2. 你必须表现出高度协作的精神，并且为同事
提供支持。如果你不那么做，那么你就不是一个
具有团队精神的员工，你就危害了我们团结一致实
现目标的能力。

如果团队成员没能达到其中一项要求，那么他们就会
遭到轻视，甚至会遭到团队和团队领导者的排斥。在社会
科学中，有一个知名的概念叫做"双重束缚"。[18] 理论上说，
当人们接收到两种存在分歧的信息时就会出现双重束缚的
现象。这两种信息给信息接收者造成了困惑，满足其中一
个要求，就必然无法满足另一个要求，没有万全之策能够保
证"两全其美"。而且，两种存在分歧的信息并不被认为是
一种非此即彼的矛盾，接收者也因此无法从这样的困境中脱
身。在遇到双重束缚的问题时，大多数人会按兵不动无所
作为，这似乎是他们认为在该情形之下最安全的做法。

有人会说，上述两项要求并不是相互排斥的，两者并非
处于零和博弈中。也就是说，人们既可以直抒胸臆，又可
以具有协作精神。[19] 换句话说，最具效率的团队成员可以在
不疏离同事，或不破坏团队精神的情况下，表达自己的反对

意见。 这是我们所要达到的目标，一些人和团队在这方面做得要比其他人好得多。 但是，双重束缚问题一直是团队面临的问题。

要营造一个既存在冲突又友好的文化并克服双重束缚问题，首先要做的是对什么是安稳进行重新定义。 对于很多团队来说，安稳就意味着团队成员之间没有冲突或不存在紧张关系。 人人相处融洽，员工们通力协作制定决策。 优秀的团队喜欢紧张的状态，甚至在员工之间制造紧张，因此它们对安稳的看法大不相同。 这些团队不希望它们的员工过于安稳，因为这就意味着他们会安于现状——他们不再迫使自己拿出更加优异的表现，也不再创新。 对它们来说，安稳就是要习惯于感到坐立不安。 一位导演对于皮克斯聘请他执导一部影片而颇感诧异，因为他刚刚在另一家电影公司遭遇了失败。 他提到了皮克斯管理层对他说的话：

> 自满——我们似乎已经明白了一切——是我们唯一害怕的。 我们希望你给公司带来一些改变。 如果我们觉得你所做的没有意义，那么我们会给你机会做出解释；但是如果你能够说服我们，那么我们就会采取截然不同的做法。[20]

优秀的公司会精心地制造冲突来催生更好的结果。大多数人都会说，他们接受冲突，能够理解冲突对做出更好的决定所能起到的作用。但是，知道冲突的好处是一回事，承受它所带来的痛苦却是另一回事。在大多数情况下，明白冲突所带来的好处并不能缓解它所带来的不安感。很多人并不想体验冲突带来的痛苦，虽然他们知道这是最符合团队利益的做法。知与行是截然不同的。

优秀的公司明白，要让员工勇于面对冲突而不是回避它有多么困难。其中的一种方法就是提高员工对冲突带来的不安的耐受程度。也就是说，优秀的公司会创造条件帮助员工习惯于冲突带来的不安感。爱彼迎就是这样一个例子，它努力为员工营造一个积极、同时重视坦诚交流的工作环境。当一份内部调查显示，公司需要在这方面进一步提高时，该公司的一位领导者提出了一组概念来鼓励员工进行更多坦诚的对话。他称之为"大象、死鱼和令人作呕的东西"。所谓的"大象"就是众所周知、大家都不会去讨论（至少不会公开讨论）的问题。"死鱼"是指员工无法克服和解决的问题。而"令人作呕的东西"则是人们极力想要摆脱的问题。在爱彼迎，根据这三种类型将不同的问题分门别类就会产生许多分歧，因为某些人的"大象"对另一些人而言就是"死鱼"。然而，爱彼迎采取这种做法的意图很明确，那就是公开地就问题进行讨论，如果可能的话还要幽默一些。[21]

让员工能够直面令人不安的现实的另一种方式，就是将观点与提出观点的个人区分开来。对某些观点提出质疑仅仅是公事公办，并不是针对提出观点的个人。[22]将这两者区分开来能够让相关员工减少戒备心理——特别是当其他人指出自己的方案所存在的问题或提出更好的方案时。这种区分使观点之间的冲突能够上升到更加紧张的水平，也使团队更有可能获得更好的想法和解决方案。当然，问题在于大多数人会把人与他的观点视为一体。在现实生活中，观点与相关的个人联系密切。在由富有激情、甚至于极为专注的员工所组成的团队中，情况尤其如此。因此，在优秀的团队中，它们的目标是引导员工将其热情用于实现最好的工作成果，而不是为那些对自己和团队的批评进行辩护。皮克斯的 CEO 强调：

> 会被放到显微镜下进行评判的是电影，而不是制作电影的人。大多数人不明白这一点，但它也很重要：你本人与你所提出的想法不是一回事，如果你把两者结合得过于紧密，你就会因为受到质疑而感到气愤。安德鲁·斯坦顿曾多次参与皮克斯

的"智囊团"的评审工作，也多次接受过"智囊团"对自己的评审。他喜欢说，皮克斯像是一个医院，影片就像病人，而皮克斯的"智囊团"就是一群令人信赖的医生。重要的是，影片的导演和制片人同样也是"医生"。这就好比一个专家团队对疑难杂症进行精确的会诊。[23]

营造一个既存在冲突又友好的文化，增加团队中的不安感，要做的第二件事是为团队设定大胆甚至是激进的目标。制定这些目标并不是为了制造冲突，但是实际上最后往往确实会出现冲突。想象一下，你被皮克斯——一家制作了一部又一部大片、创造了一个又一个成功的电影公司——任命为一部新电影的导演。作为一位新导演，皮克斯所具备的一系列使其与众不同的创新技术和流程（比如在许多会议上为正在制作中的影片提供意见）可能会让你倍感欣慰。但是，皮克斯的影片中所需要的创新要素——这可能要耗费你长达四年时间——是一场对未知领域的探索。该公司近期出品的一部电影《头脑特工队》就是一个例子。这部影片的背景是一位名叫莱利（Riley）的 11 岁女孩随父母举家搬迁。影片所要探讨的主题是人的情绪。在电影中，愤怒、喜悦等情绪都以人格化的形式出现，它们都希望在特定的环境下控制莱利的感受。 制作这样一部有关人类情绪的电影既令人激动又令人生畏。 皮克斯相信，在从事如此雄心勃勃的项目时，员工们终将彷徨失措，失去方向。[24] 而这部电影的故事情节在构建过程中就遇到了这样的问题，走了很多弯路，很多故事和角色效果不佳，需要放弃。 这种情况不仅会让导演不安，也使团队成员，甚至整个公司感到不安。 公司的大量经费和来之不易的好名声都因此面临威胁。 导演认识到，如果不解决他们所面临的挑战，他们将处于失败的边缘。 正如引言中所提到的，皮克斯制作的很多优秀的影片——如《玩具总动员2》《美食总动员》和《恐龙当家》等——都因为遇到困境而在制作过程中被暂停。 在接管了迪士尼动画之后，皮克斯的领导层在该公司也采取了同样的措施，《勇敢传说》一片就因为"创意上的分歧"中途撤换了导演。 这些影片的导演被撤换（实际上被炒了鱿鱼），而他们已经完成的工作也被放弃。 一旦导演出现更迭，团队也需要进行重组。 皮克斯会在电影制作过程中给予每个电影团队时间、有益的反馈和支持。 而每个团队也明白，如果其成果无法达到皮克斯的要求，会有什么后果。 在这种压力之下，团队成员会因为寻求最佳方案而产生冲突。

　　在为团队设定大胆的目标以及认识到冲突带来的好处之

外，营造一个既存在冲突又友好的文化所要做的第三件事是使团队专注于最重要的领域。换句话说，并不是所有的冲突都有相同的重要性。很多团队会进行良性的争论，但是他们往往会为了无谓的问题而争吵。在这些情况下，团队成员们在不那么重要的议题——如日常运营问题、私人分歧等——上浪费了大量精力，而这些问题对团队的业绩产生不了多大影响。不重要的冲突会让团队将宝贵的时间和精力耗费在那些小问题上，这会让团队从它所面临的、能够影响项目和公司成败的重要挑战上分心。出现这种情况的一个原因是，比起因为不重要的问题而出现的冲突，围绕重要问题而产生的冲突更加难以解决，也更加具有威胁。但是讽刺的是，处于巨大压力之下的团队有时会执着于那些不重要的议题，而不是真正关键的问题。我曾经在一个团队中工作，这个团队面临着许多威胁，包括它的市场份额正遭到一个新的、更加灵活的竞争对手的蚕食。团队成员没有积极应对这一挑战，而是将焦点放到一个同事身上——此人虽然给团队造成了负面影响，但是尚未严重到必须被开除。该团队的商业模式正在受到侵蚀，而团队的成员却在讨论他们的一位同事处理人际关系的缺陷。[25] 如果这位员工的所作所为阻碍了公司应对它所面临的严峻挑战，或是违反了公司的价值观，那么这是一个重要的问题。但是实际上，对他的行为的关注只是转移了团队对重要问题的注意力。团队领导者最重要的一项工作就是要让团队专注于少数重要的问题，不能让团队"分心"。[26]

团队中富有成效的冲突需要满足下列条件：

1. 团队成员应当理解，因冲突而造成的不安感是必要的，也是有用的。影响团队表现的不是冲突，而是自满。
2. 对激进目标的追求，会在团队内产生有益的紧张气氛。
3. 团队中出现的冲突应当围绕能够对团队实现其目标至关重要的少数重要问题。
4. 要进行能够产生积极效果的争论，团队应当具备相应的性格和技能。

要激发团队内部的冲突，下一步就是要制定相关措施，保证团队内部得以进行有益的讨论，或者说良性争论。[27] 团队成员争论的议题十分重要，而团队成员之间的争论如何展开也很重要。因为团队需要让其成员在能够坦率地表达自己看法的同时，愿意重视别人的看法并支持最佳的方案——即便这个最佳方案并不是自己提出的。[28] 这样就能够避免双重束缚的困境。既要直抒胸臆，又要保证团结协作，这并不容易，但是这样才能保证团队内的争论能够产生积极的效果。

一些团队用温和的方式鼓励所有的团队成员出谋划策。最温和的方式包括一些头脑风暴（团队希望通过头脑风暴获得比普通的团队更多的想法）。而另一些团队则采取了"轮流发言"的方式，让员工对特定的战略或建议发表看法，在所有人发言之前，任何团队成员除了表明自己的意见之外都不能随意评论。第三种方式是要求所有成员在会议前就重要议题提前进行考量。他们被要求在会前以书面形式总结其观点。[29] 而在会上，每位成员都要发表自己的看法，然后进行小组讨论。这种方式能够给团队带来更完善的备选方案，在大多数情况下能够带来更好的解决方案。[30] 这些方法是有效的，因为每个人都参与到了决策中，每个人都可能在团队中拥有平等的话语权。最优秀的团队能够很好地利用所有团队成员的集体知识。在很多团队中，只有团队领导者以及位高权重的人才能主导决策过程，其他团队成员则只能作壁上观。而上述方式则与这种做法相反。

要从团队成员的集体知识中受益，不仅仅需要成员们能够提出新的想法，还需要通过辩论和思想上的碰撞来对这些新想法进行测试、改进、区分优先次序。加州大学伯克利分校（University of California，Berkeley）的查兰·内梅特（Charlan Nemeth）和他的团队研究了在催生好的想法这方面，头脑风暴和辩论这两种方式各自的优点。[31] 他们要求参与研究的人们就同一个问题——如何缓解旧金山湾区的交通拥堵——提出潜在的解决方案。研究人员向其中一个小组提出了这个问题，要求他们提出尽可能多的解决方案，但没有给予进一步的指导方针。第二个小组被要求使用传统的头脑风暴的方式，小组成员也被限制对其他人的观点进行评判。第三个小组则要用更加激烈的辩论的方式解决问题，同时小组成员还被要求对其他人的观点进行质疑。正如所料，头脑风暴这一方式确实能够带来更多方案。不过，被要求使用辩论方式并质疑其他人的观点的小组所提出的方案，比平均水平多 25%。研究者观察到："我们的研究结果显示，辩论和批评不会阻碍员工提出自己的想法，反而更加能够激发员工。"[32]

皮克斯善于处理工作中的辩论和批评——这都是为了将一开始相对糟糕的电影打造成经典。公司采取了三种措施。首先，公司会举行样片会对动画师制作的小片段进行

评审，特别是片中角色的动作和特点。正如本书第四章中
所说，在样片会中，评审团队会给出反馈和建议。对皮克
斯的动画师来说，冲突是样片会的一部分。每天早上，一
般是9点，评审团队会点评动画师近期制作的片段，然后讨
论哪些效果更好，哪些需要做出改变。反馈可能会非常尖
锐，甚至会让人"无地自容"。在制片团队做出了必要的改
变之后，公司会进行第二次团队评审。一位观察这一流程
的人士表示：

> 再微小的细节都会受到批评，每个人都有权点
> 评其他人的工作。从闪电的角度，到特定音效出
> 现的时机，一切都是可以争论的问题。这个紧张
> 的过程令人筋疲力尽，但是皮克斯的团队明白，正
> 是这一流程使公司得以制作出一部又一部优秀的影
> 片。[33]

皮克斯组织样片会的主要好处是能够帮助接受反馈的
团队改进工作，提升影片的质量。但是这一流程同样能够
对参与会议的其他人产生帮助，他们能够观察评审团队所
给予的反馈，从中提炼出能够帮助他们完善自己的工作的

经验。

其次，皮克斯还会举行有高层领导参加的小型会议，在会上他们会评审制作中的电影片段，并提出详尽的改进意见。[34] 这些会议主要关注电影的情节和其中的角色。相关电影的导演及其团队可以自行评估并采纳会议所提出的具体改进建议。这些建议会涉及许多潜在需要改善的环节，比如，故事缺少什么，影片中哪些东西没有意义。与会的领导层在给出这些反馈时必须坦诚，但不能太过粗暴。员工要在他人成果的基础上，将其做得更好。皮克斯将这种做法称为"添砖加瓦"，也就是说，那些提出问题的人也被要求给出具体的改进意见。你不能仅仅指出问题所在，却不提供纠错意见。有时候这是不现实的（因为有的想法或工作根本就是大错特错），但是这种做法的目的在于使团队成员就完善其他同事的想法或工作成果提出建议。[35] 皮克斯要求，每个员工都有责任在出现问题时指出错误所在，同样重要的是，他们也有责任提出改进意见。这种做法使评审工作成为一种积极的意见交流，而不是攻击和反击。

皮克斯公司采取的第三种举措是进行"事后总结"，也就是在影片制作完成之后进行总结，以期获得经验和教训，以便应用于下一部影片的制作中。其中有一次事后总结发现，剧组工作人员认为他们没有像主创团队那样受到重视。在皮克斯，剧组工作人员管理着一部电影的后勤工作、日程安排、相关人员和资金。他们需要保证电影准时完成，且不超支。尽管公司高层认为，参与一部电影制作的所有员工都应该受到尊重，都应该在相应的领域拥有话语权，但是剧组人员依旧感受到他们成了"二等公民"。皮克斯的管理层被这一结论所震惊，因为这与他们所坚信的理念相悖，同时他们没想到会出现这种情况。在这次事后总结之后，皮克斯做出了改变，以保证剧组工作人员能够得到应有的重视。

在团队中，员工需要具备一定的情绪控制和社会交往技能，将冲突的负面影响——特别是它对员工之间关系的破坏——降到最低。最优秀的团队会拥有具备更加有效的社会交往技能的员工。也就是说，这些团队中的员工能够更好地认识到自己对他人所产生的影响，也能更好地调整自己的行为以使冲突变得更加富有成效。团队需要强硬的员工和可以坦然接受批评的员工；与此同时，团队也同样需要能够聪明地给出自己的意见并处理冲突的员工。有一项研究调查了有助于提高团队效率的因素。来自麻省理工学院集体智能中心（the Center of Collective Intelligence at

MIT）的研究者发现，最优秀的小团队（也就是那些能更好地解决问题的团队）都有一些相似的特点。[36] 其中的一个特点就是，这些团队中的成员能够洞察别人的情绪。[37] 那些有着更高的社会敏感度的团队通常能够更好地解决各种问题。对这一研究发现的解释是，社交技能更强的人能够更好地协作以解决他们所面临的问题。他们的社交能力让他们得以更好地利用所有人的知识和经验，共同找到最佳的解决方案。

　　高效的团队决策会着重创造一种所谓的"心理安全"。这个由艾米·埃德蒙森所提出的概念表明，创新性团队善于营造一种让团队成员能够安然地表达内心想法的环境。[38] 在这些团队中，团队成员会认为，其他人能够理解和尊重他们的经验、情绪和观点。埃德蒙森写道，团队成员们"有信心，团队不会让他们感到尴尬，不会排斥他们，也不会让说实话的人受到惩罚"。[39] 在这样的团队中，成员们能够安心地去冒险、尝试新事物，或寻求别人的帮助。同样，在这样的团队中，成员们也能够坦然承认错误，并从自己的错误中吸取教训。通过一项针对上百个谷歌公司工作团队的效率所进行的调查，谷歌公司发现"心理安全"是影响团队能否成功最重要的一个变量。[40] 让员工拥有安全感的团队通常是谷歌公司中成就最高的团队。现如今，谷歌开始对它的管理人员进行培训，以便通过强调创造必要的"心理安全"来促进团队的业绩。[41]

埃德蒙森在她的研究发现中不断强调的一点是，"心理安全"与追求雄心勃勃的目标并不矛盾。表现优异的团队会设定很高的目标，同时在团队中构建一个令人感到安全的环境以实现目标。有的人可能会把"心理安全"当作目标。而极限团队会把心理安全与工作成绩结合起来。在处理冲突时，这一点格外重要。大多数人能够理解，团队中员工之间的冲突能够产生积极的结果。他们明白，发展与安逸如鱼与熊掌一般不可兼得。在质疑别人的时候，人们会因为随之而来的冲突而感到不安。巴塔哥尼亚公司的创始人伊冯·乔伊纳德表示，如果一个公司要保持活力，那么就必须对自己施加压力。[42] 他相信，在面临巨大的——哪怕是自己作为公司 CEO 为公司提出的——挑战和威胁时，自己的公司已经表现得十分出色。要使冲突能够富有成效，其要领就是要让员工习惯于不安。在这些团队中，员工明白，安逸没有那么重要。[43]

小　结

传统的公司和团队会被所谓的"终极亲善"困扰，以至于出现马云所说的"小白兔"文化。

优秀的公司和极限团队则恰恰相反，它们认识到紧张状态和冲突对于实现它们的目标意义重大。

它们具备构建让员工习惯于不安的能力，因此冲突更有可能产生积极成果。

◆ 1 · Beth Comstock of General Electric says to her team members, "Tell me one thing I don't want to hear. It's O.K. to give me some bad news. In fact, I want it." Adam Bryant, "Beth Comstock of General Electric: Granting Permission to Innovate," New York Times, June 17, 2016. The U.S. military has a slang phrase indicating a similar approach: "Embrace the suck."

◆ 2 · Margaret Mead's famous remark about groups applies to extreme teams: "Never doubt that a small group of thoughtful, committed citizens can change the world. Indeed, it's the only thing that ever has." Nancy C. Lutkehaus, Margaret Mead: The Making of an American Icon (Princeton: Princeton University Press, 2008), 261.

◆ 3 · Jack Ma, when asked what drove the success of his company, noted that it had three essential attributes—no money, no technology, and no plan. For a detailed account of the battle with eBay, see Duncan Clark, Alibaba: The House That Jack Ma Built (New York: Harper Collins, 2016), Loc 262 of ebook.

◆ 4 · eBay, in 2006, folded its operations into a joint venture with a Chinese firm, Tom Online. eBay retained a 49 percent share in the venture but, in essence, had pulled out of the market.

◆ 5 · The comedian Jon Stewart noted after Alibaba's massive public stock offering that "The communists just beat us at capitalism."

◆ 6 · Alibaba also provides a range of services in addition to its products, some of which are quite interesting. For example, a customer can hire a date to attend a social event.

◆ 7 · Neil Gough and Alexandra Stevenson, "The Unlikely Ascent of Jack Ma,

Alibaba's founder,"New York Times, May 8, 2014.

◆ 8·Alibaba is on track to be the world's first trillion-dollar business (the value of annual transactions through its various platforms in dollars). See Rex Crum, "Alibaba's Jack Ma Talks Big, Even Trillion-Dollar Big," Fortune, June 12, 2015.

◆ 9·See Julie Wulf, "Alibaba Group," Harvard Business Review, April 26, 2010.

◆ 10·From "Alibaba Culture & Values. Passion: We Expect Our People to Approach Everything with Fire in their Belly and Never Give Up on Doing What They Believe Is Right," www.alibabagroup.com/en/about/culture.

◆ 11·Dai Tian, "Exclusive Look Inside Alibaba's 'Kung Fu' Culture," China Daily. com, October 10, 2014.

◆ 12·Charles Clover, "Method in the Madness of the Alibaba Cult," Financial Times, September 7, 2014.

◆ 13·Erving Goffman, The Presentation of Self in Everyday Life (New York: Random House, 1959).

◆ 14·Adam Bryant, "Xerox's New Chief Tries to Redefine Its Culture," New York Times, February 20, 2010. Burns notes: "When we're in the family, you don't have to be as nice as when you're outside of the family." She says, "I want us to stay civil and kind, but we have to be frank—and the reason we can be frank is because we are all in the same family." Also see Richard Feloni, "Xerox CEO Ursula Burns Explains the Problem with a Corporate Culture That Is Too Nice," Business Insider, March 5, 2016.

◆ 15 · Adam Bryant, The Corner Office: Indispensable and Unexpected Lessons from CEOs on How to Lead and Succeed (New York: Times Books, 2011), 218.

◆ 16 · George Packer, comment, New Yorker, July 5, 2010.

◆ 17 · Hayagreeva Rao, Robert Sutton, and Allen P. Webb, "Innovation Lessons from Pixar: An Interview with Oscar-Winning Director Brad Bird," McKinsey Quarterly, April 2008.

◆ 18 · Gregory Bateson, Steps to an Ecology of Mind: a Revolutionary Approach to Man's Understanding of Himself (New York: Ballantine Books, 1972).

◆ 19 · See Thomas Kilmann Conflict Survey, www.kilmanndiagnostics.com/overview-thomas-kilmann-conflict-mode-instrument-tki.

◆ 20 · Rao, Sutton, and Webb, "Innovation Lessons from Pixar: An Interview with Oscar-Winning Director Brad Bird."

◆ 21 · Conflict can also be with other groups within a company as well as with those outside of a company. Internally, the best teams face conflict across groups and do so with the political and organizational savviness needed to achieve results. There are teams that develop a capability to deal with conflict internally but lack the skills needed to effectively surface and resolve conflict with other teams inside their organization. For an excellent analysis of how teams need to engage other organizational groups, see Deborah Ancona and Henrik Bresman, "X-Teams: How to Build Teams That Lead, Innovate and Succeed," Harvard Business Review Press, 2007.

◆ 22 · Scott Berkun notes, "Many talented organizations produce little of merit because of how sensitive people are of criticism, and the fear of offending people or being offended trumps everything else." "How Do You Build a Culture of Healthy Debate," June 28, 2013, scottberkun.com/2013/howto- build-a-culture-of-healthy-debate/.

◆ 23 · Ed Catmull, (New York: Random House, 2014).

◆ 24 · Ed Catmull, CEO of Pixar, notes, "It is the nature of things—in order to create, you must internalize and almost become the project for a while, and that near-fusing with the project is an essential part of its emergence. But it is also confusing. Where once a movie's writer/director had perspective, he or she loses it. Where once he or she could see a forest, now there are only trees."

◆ 25 · One of my colleagues describes this as "Rearranging the deck chairs on the Titanic."

◆ 26 · See Ruth Wageman and J. Richard Hackman, "What Makes Teams of Leaders Leadable?" In Handbook of Leadership Theory and Practice, chapter

◆ 27 · For more suggestions on how to make this happen, see Jean L. Kahwajy, Kathleen M. Eisenhardt, and L. J. Bourgeois III, "How Management Teams Can Have a Good Fight," Harvard Business Review July–August, 1997.

◆ 28 · See Kristin Behfar, "How We Fight at Work, and Why it Matters," Strategy and Business, March 2, 2015. She has a two-dimensional model of how people manage conflict (being high or low in directness and high or low in what she calls "oppositional intensity").

◆ 29 · Daniel Kahneman and Gary Klein, "Strategic Decisions: When Can You Trust Your Gut?" Interview in McKinsey Quarterly, March 2010.

◆ 30 · Daniel Kahneman, Thinking, Fast and Slow (New York: Farrar, Straus and Giroux, 2013).

◆ 31 · Charlan J. Nemeth, Bernard Personnaz, Marie Personnaz, and Jack A. Goncalo, "The Liberating Role of Conflict in Group Creativity: A Study in Two Countries," European Journal of Social Psychology, 34 (2004), 365–74. Seealso Annals of Ideas, January 30, 2012 issue. Jonah Lehrer, "Groupthink: The Brainstorming Myth," New Yorker, January 30, 2012.

◆ 32 · Cited in David Burkus, "How Criticism Creates Innovative Teams," Harvard Business Review, July 22, 2013.

◆ 33 · David Burkus, "Why Fighting for Our Ideas Makes Them Better," 99U, 99u. com/articles/7224/why-fighting-for-our-ideas-makes-them-better.

◆ 34 · Jump Associates, "The Inside Story: 5 Secrets to Pixar's Success," Fast Company, September 14, 2011, www.fastcodesign. com/1665008/theinside- story-5-secrets-to-pixar-s-success.

◆ 35 · Burkus, "Why Fighting for Our Ideas Makes Them Better."

◆ 36 · Anita Williams Woolley, Christopher F. Chabris, Alex Pentland, Nada Hashmi, and Thomas W. Malone, "Evidence for a Collective Intelligence Factor in the Performance of Human Groups," Science, 330 (2010), 686 - 88.

◆ 37 · The test probes the degree to which people can assess the emo-tions of others by looking at photographs of their faces. Those who scored higher on the test were more accurate in their assessments of another's emotional state.

◆ 38 · Amy Edmondson, "Psychological Safety and Learning Behavior in Work Teams," Administrative Science Quarterly, 44 (1999): 350 - 83.

◆ 39 · Edmondson, "Psychological Safety and Learning Behavior in Work Teams," 354.

◆ 40 · Charles Duhigg, "What Google Learned From Its Quest to Build the Perfect Team," New York Times, February 25, 2016.

◆ 41 · An important way of viewing these teams involves trust. High-trust teams are those where people respect their peers for their capabilities and feel supported by them as individuals. This combination produces high-er levels of trust, which, in turn, provides an environment that can tolerate higher levels of conflict. In contrast, low-trust teams have difficulty surfacing conflict and then resolving it productively because people withhold informa-tion or points of view from those they don't trust. See my book Trust in the Balance (San Francisco: Jossey Bass, 1997).

◆ 42 · Yvon Chouinard believes that extremes are also beneficial in one's personal life. He has engaged in a variety of risky outdoor activities, such as mountain climbing and kayaking, his entire life

◆ 43 · See Roger Schwarz, "Get a Dysfunctional Team Back on Track," Harvard Business Review. hbr.org/2013/11/get-a-dysfunctional-team-back-ontrack

第七章

力求极致的团队

团队不冒险，慢慢就完蛋[1]

本书中所提到的公司都是由极为优秀的企业家所创办的，这一点并不是偶然。[1] 它们都源于颠覆行业现有秩序的创新理念。奈飞以其流媒体服务颠覆了传媒业。爱彼迎以P2P模式搅动着酒店业。阿里巴巴则通过电商网站改变了在中国做生意的方式。然而，这些公司的领导者们认识到，公司要取得长期的成功不仅需要开创性的产品和服务。他们认为，公司也需要创新，要挑战那些约定俗成的运营模式。他们明白，名垂青史靠的不是他们所打造的产品，而是他们的能力——打造经得起时间检验的具有创造性和灵活性的公司。史蒂夫·乔布斯会因其创新性的产品而被铭记，但是对于他的领导力来说，真正的考验在于苹果公司能否在下一个50年继续保持创新和增长。他所创建的公司是否拥有达到这一目标所需要的人才、企业文化和企业流程？

目前，这些尚无定论。

许多企业家创建新型公司还有一个更加个人化和"自私"的动机。他们想要在一个更加符合他们价值观和个性的公司工作。爱彼迎的布莱恩·切斯基在解释这种动机时说，企业家希望活在自己设计的世界中。他们这样做的部分原因在于，他们在普通的公司里会感到不爽。如果他们被迫在传统的大企业里工作，最后的结果无非是失望地辞职，或者因为抗命而遭解雇。想象一下，如果皮克斯的艾德·卡特莫尔受顾于派拉蒙（Paramount）这样的公司，伊冯·乔伊纳德为 L. L. Bean 公司工作，约翰·麦基效力于西夫韦超市（Safeway），这些画面会让人感到如此荒谬。这种荒谬感反衬出上述企业领导者的特质，以及他们与自己所创建的公司有多么合拍，同时也显示出传统公司在吸引和留住获得成功所需要的人才——有时是颇有些古怪的员工——时所面临的挑战。

企业家们精于驾驭新事物，也就是说能够突破现有的界限。本书的预设前提是，比起传统的公司，前沿的领导者和他们的团队都更加极致地追求公司的成绩和员工间的关系。但是这样做存在风险，有时甚至需要付出代价。如果过度追求成绩，会出现许多意想不到的结果，比如严苛的公司文化、不道德的商业行为等。而如果过度追求关系，那么公司的环境就会缺乏取得成功所需要的动力和韧性。 要取得非凡的成就，就要持续地专注于成绩和关系这两方面，但是如果处理不当，也会带来破坏性的结果，这是创建一个优秀的公司所面临的矛盾。 真正的挑战在于，要在成绩和关系这两方面追求极致，同时又要很好地管控由此带来的负面影响。 对于像奈飞的里德·哈斯廷斯和爱彼迎的布莱恩·切斯基等领导者们来说，把公司推向极致，以取得其他人认为不可能或是可望而不可即的成绩，并非难事。 正如任何不走寻常路的人那样，他们所面临的风险在于没有可借鉴的经验。

传统的公司追求成绩和关系时面临着一系列的风险。 首先，它们对平庸习以为常。"已经足够好了。"这是它们心照不宣的座右铭。[2] 过得去的成绩、过得去的关系，这就够了。 它们往往选择走捷径，简单地重复公司早期取得成功的战略和措施。[3] 从公司获取的成功中获利无可厚非，甚至是明智的。 但是，皮克斯的 CEO 说，很多公司躺在功劳簿上，以至于陷入"创意破产"。[4] 他相信，活力四射的公司会刻意避免重复过去的成功经验，尝试新的方式，挑战和超越它们所确知的经验。 当然，这并不是说皮克斯无视从过去的影片中所获得的经验，也不意味着它不会利用建立在过去几十年经验基础上的一流技术和工作流程。 但是在最关键的方面——对皮克斯来说就是要讲好故事打动观众，它竭尽全力避免复制自己过去的做法。这样做会面临不小的困难，因为建立公司这样的组织结构就是为了将过去行之有效的措施标准化并加以强化（以此确保风险最小化，收益最大化）。这一过程要通过团队战略、结构、流程和文化等一系列机制来实现。它们都会对过往所形成的、推动公司增长的运营方式起到强化作用。结果就是，这些公司常常表示希望其员工具有创新精神，但是实际上固步自封抵制新事物。它们因此得以避免因为尝试新事物所带来的风险，但与此同时，老套地复制成功的过去也会给它们带来风险。

　　传统的公司所面临的第二个风险在于，它们通常会在成绩和关系之间偏重其一，但无视另一方面。在这种情况下，成绩和关系就成了"二选一"的选择题。[5]公司及其团队相信，它们只能专注于其中之一，而不能同时兼顾二者。它们希望通过这种方式简化这个过于复杂的世界——好像在结果和关系之间，只有其中之一是重要的。这种做法是失败的，其中的原因很多，最直接的一个原因在于，长期来看公司的出色表现既需要成绩也需要关系。成绩和关系是相互依赖、相互需要的，不以人的意志为转移。

　　约翰·曾格（John Zenger）和约瑟夫·福克曼（Joseph Folkman）的研究突显了这一点。他们从两个方面——领导者追求成绩的动力以及建立积极的关系的能力——研究了员工对"伟大的领导者"的认知。在成绩和关系之中，只擅长其中一方面的领导者，只被不到 15% 的员工视为伟大的领导者；[6] 相反，同时精于这两方面的领导者，则被 72% 的下属认为是伟大的领导者。正如你可能认为的，曾格和福克曼声称，"两手抓，两手都要硬"是成为优秀领导者的关键要素。这些关于领导力的调查对团队的启示是，伟大的团队在成绩和关系之间绝不偏废其一。[7]

在艾米·埃德蒙森（Amy Edmondson）教授的著作中提到了一种描述成绩和关系两者关系的方式，她将四种类型的团队进行了对比。[8] 舒适型团队是指那些重视关系甚于成绩的团队。高压型团队是指看重成绩甚于关系的团队。冷漠型团队满足于平庸，甚至在两方面都相当不堪。以此类推，最好的团队是那些追求极致的成绩和极致的关系的团队。如果处理得当，成绩与关系的结合会给团队带来良性循环，两者相辅相成促使团队表现得更为出色。认识到两者都很重要且互惠互利，就能够帮助团队处理好对成绩和关系的权衡以及两者之间所存在的紧张关系。极限团队会更进一步，它们会在这两方面追求极致——这是一个知易行难的目标。[9]

团队的类型		
	团队的成绩	
团队对关系的态度	劣	优
亲密 / 私人化	**舒适型团队**：团队成员相处融洽，但没有取得成绩所需要的动力和坚韧。	**极限团队**：团队成员像一个具有凝聚力的集体，团结协作，以此取得优异的成绩。
疏远 / 拘谨	**冷漠型团队**：团队表现中庸，团队成员的关系疏远，甚至带有敌意。	**高压型团队**：团队能够取得不错的成绩，但是其成员会感到脆弱、孤立和危机感。

　　想要建立极限团队的领导者通常要面对两种状况。 首先，是从无到有建立团队。 这可能是由于新项目的启动或公司的重组会造就新的团队。 负责建立新团队的领导者们如果参考优秀公司的如下措施，将会受益匪浅。

　　适当的目标： 几乎所有关于团队表现的文章或书籍都写到了为自己的团队设定目标的必要性。 极限团队的不同之处在于，它们会更加认真，更加专注——极限团队能够吸引那些对工作和团队存在的意义格外专注的员工，这就是原因之一。 优秀公司的员工将他们的工作当作一种使命，领导者的职责就是为这些员工带来更高层次的目标，而不仅仅是把赚钱作为工作的动力。团队所在公司的性质及其历史决定了团队目标的性质。无论如何，这些目标必须能够展现团队成员的价值和激情——让他们在相关领域大展宏图。

适当的员工： 雇用的员工需要具备团队获得成功所需特质，这是建立新的团队所要求的第二个条件。但是，很多团队的领导者只重视应聘者的技能，因此犯了错。对于极限团队来说，过人的能力是必要条件，但还不够。是的，他们努力招揽聪明且能力出众的员工，但是他们同样重视——如果不是更加重视的话——对公司意义重大的文化特质。就算团队的成员能力非凡、积极性高涨，但是如果他们都不能适应公司的文化，那也会成为一个大问题。团队初创时期所招聘的员工特别重要，因为他们为今后进入团队的员工定下了基调。第一批被招募的员工同样会负责团队的组建工作，因此也会影响他们所招聘的后续员工。以适合公司文化作为招聘的标准，这就要求团队的领导者确知自己所需要的文化特质，然后制定一套有效的方法来筛选拥有这些文化特质的人。

适当的优先次序： 在团队设定了目标并招兵买马后，团队的领导者需要阐明少数关键的优先事项和评判成功的标准。在大多数的情况下，对于优先事项和评判标准来说，并不是越多越好。它们在数量上应该是有限的，但是必须清晰地传达到团队中，每个人都必须了解团队的目标以及有关如何实现目标的计划。[10] 其中包括向员工解释团队经营的大环境和团队如何应对在这种环境下所面临的机遇和挑战。爱彼迎每年都会执着地对当年所需要完成的任务做出明确解释。公司的年度目标会被概括在一页纸上，并在公司内传达。一旦公司的目标得到清晰的解释，公司中的团队也会纷纷设定自己的目标和职责。在确定优先事项时，重要的一点是确定如何分配责任。团队在这方面做法不同：有的团队会要求某些个人对特定的计划负领导责任（当然他们也要和其他团队成员一起为实现目标而努力）；另一些团队则希望所有成员共同对目标负责，以此创造一种共同的责任感。每一种做法都可能是行之有效的，关键在于团队要明确其目标、对成功的评判标准，以及自主决定如何最好地完成这些优先事项所带来的相关责任。

适当的措施： 新建团队的领导者需要确定自己想要的团队文化。最简单地说，就是要确定少数关键的信念及行为——它们能够明确团队对其成员的期望。在有的人看来，这一做法就是阐明团队成员应该做什么，又不该做什么。然后，领导者常常要和团队的成员一起制定相关的工作和管理措施，以此强化他所期望的文化特性。奈飞对"自由和负责"的文化有着坚定的信念，为此公司制定了一系列措施（比如它对员工的休假时间不设限制，因为在公司眼中，员工都是成年人，有能力自行决定何时休假以及假期长度）。通过员工在团队中的工作体验，能够更好地了解企业文化，这是极限团队所带来的另一个经验。爱彼迎关注影响员工体验的诸多因素，希望能够营造一种集体感和归属感。它首先着眼于员工所从事的工作本身：公司给了员工很大的话语权，使他们能够选择感兴趣的项目，并自主管理日常工作。同时，该公司也出台了许多措施来影响员工在公司的体验——比如公司对办公室的精心设计，或是允许员工在需要时远程办公。这些因素首先会在公司层面得到相应的重视，不过各个团队也同样关注并致力于提升员工的体验。

领导者在启动新团队时所面临的问题

指导和激励新团队成员的更高层次的目标是什么？你能否用简洁有力的方式阐述这一目标？

为了实现你所指定的目标，团队成员需要具备什么样的价值观和特点？你会用什么样的流程来筛选这样的员工？

团队的优先事项，以及评判成功的标准是什

么？如何确保所有的团队成员理解团队的优先事项
以及它们同团队目标的关系？

　　你会采取什么样的措施为团队的工作提供支
持，保证优先事项的推进？在团队会议中什么是有
价值的议题？怎样应对这些议题？

　　你想要什么样的团队文化和在团队中的工作体
验？你会采用什么措施和规则来强化这种文化？

　　你怎样保证团队专注于关键问题？怎样对团队
中的冲突进行有效管控？

　　新团队的优势在于他们往往是一张白纸，没有历史负
担。特别是，他们可以借鉴其他公司所制定的符合其具体
需要的创新举措。瓦尔比派克眼镜公司（Warby Parker）就
是一例。该公司执行"买一副，捐一副"的模式，每次消
费者购买一副该公司的眼镜，该公司就向发展中国家捐赠一
副眼镜。该公司从创立之初就效仿先进的公司，采纳它认
为最有用的理念。

　　像捷步达康公司一样，瓦尔比派克眼镜公司同样希望雇
用在信仰和作风方面符合公司文化的员工。公司相信，有
技能并不意味着员工就能够得到同事的支持，完成公司所交
托的工作。该公司还有一系列企业文化原则，比如"制定

雄心勃勃的计划，对业绩进行评估"以及"让我们所做的事情变得有趣、古灵精怪"等等。它会在招聘新员工时要求应聘者举例说明他们符合上述文化原则（如就"古怪"这一点，应聘者会被问到"你平时如何消遣"等等）。

与巴塔哥尼亚类似，瓦尔比派克也在竭力创建一个能让员工获得支持的工作环境，它采取的措施包括跨团队学习项目和有弹性的劳动政策。

该公司借鉴的第三项措施是持续地进行同侪反馈，这与奈飞公司的做法相似。在瓦尔比派克，员工们每个季度都能够收到全方位的反馈。

瓦尔比派克并不是为了模仿而模仿，它想了解在创建自己的文化时，哪些适合公司特质的措施能够为己所用。

想要建立极限团队的领导者通常会面临的另外一个更常见也更困难的挑战是，让陷入停滞或濒临失败的团队起死回生。当没有领导经验的新领导者被赋予带领团队复兴的重任时，情况更是如此。新任领导者在其他情况下同样需要面对带领团队转危为安的任务，包括长期任职的领导者发现自己已经无法投入更多时间和精力维持团队的优异表现，或是有关业务的发展已经使团队的现有能力无法应对即将面临的挑战。

将一个陷入停滞的团队拖离泥淖的第一步就是要尽可能

客观地评估团队的表现。领导者明白团队的表现不佳，但是还应该就此进行具体的分析。在这个过程中，有两个关键的问题：

团队是否取得了公司、领导和客户所期望的成绩？

团队是否在成员之间以及与其他团队之间建立了积极的工作关系？

对团队表现的评估因具体团队的不同而有所差异，但是其中通常包括结果评估（如销售额和收入）和过程评估（如阶段性成绩和预算执行情况）。正如早前所说，关键是要着眼于贴合公司目标的标准。举例来说，皮克斯评估影片情节的创意性，虽然这很难评估，但是对团队的成功非常重要。评判团队表现的标准中应该增加团队的客户以及团队成员的非正式意见。这些看法虽然并非总能切中要害，但是领导者也应该在评估团队时对此加以考虑。另一个需要考虑的因素是团队中的人际关系。通过观察和谈话，领导者会对员工如何团结协作进行评判。再以皮克斯为例，它将团队中成员之间的关系好坏，视为判断团队是否健康和能否生产优秀影片的关键指标。没有凝聚力的团队精力不足，

缺乏信任，在皮克斯公司的文化里，这样的团队被认为已经
支离破碎。

第二步，要确定团队表现不佳的原因。根本原因分析
是找到那些影响团队表现，但通常未被发现的因素。团队
领导者在寻找导致团队表现不如预期的原因时不应过于自
大。很多领导者希望迅速地找到困扰其团队的原因，因此
犯下了错误。领导者对于出现问题的原因有自己的判断，
但是不能认为，他们所认识到的问题是唯一需要或者最需要
改变的。特别重要的是，团队的领导者不要被问题的表象
所迷惑。比方说，领导者可能会认为团队中的员工缺少动
力（于是，决定对团队的人员构成进行调整）；然而，更深
层的问题实际上在于，公司的高层领导给这些员工的指示并
不明确，甚至相互冲突。在高层领导朝令夕改的情况之下，
这些员工认为消极怠工才是最好的选择。探寻团队糟糕表
现原因的领导者需要寻找更深层次的问题。

在分析团队表现不佳的原因时，最有效的方式之一就是
弄清员工认为什么是重要的，他们又是怎么做的，两者之间
的差异在哪里。[11] 每个团队都会有"言行不一"的时候，而
这样的矛盾在混乱失能的团队中更加明显。在迪士尼动画
收购皮克斯之前，迪士尼的动画师们颇具才华，也充满了激
情。但是，这个公司还是不断地生产出无趣的影片，它们

在创意上（以及在商业上）十分失败。问题是，"兼具才华和责任心的员工怎么会总是制作出这样的影片，这与他们口头上所重视的价值存在冲突"。新任领导者希望能找到团队中最突出的矛盾，抽丝剥茧地来分析它所揭示的问题。在很多情况下，最后揭示出的真相是公司或团队中的员工没有全然认识到或是不愿面对的。对于带领团队走出困境的领导者来说，关键是在了解团队的过程中认识到团队中出现的矛盾所具有的价值，特别是要关注令人惊讶或困惑的一些方面。领导者要积极面对团队中存在的矛盾，理解为何它们得以存在，并分析它们对团队的成绩所产生的影响。[12]

当然，团队也会因为许多自身缺陷而失败。[13] 比如说，有些团队目标不明确，或是设置的目标过于平庸以至于难以动员自己的员工。还有些团队没有取得成功所需要的人才。我在自己的工作中发现，团队领导者常常高估团队员工的才干以及团队应对挑战的能力。一个在美国之外的海外市场负责产品销售的团队，没有具备海外经验的员工，其成员都只拥有在美国生活和工作的经历。那么海外经验的缺失很有可能造成他们对海外市场的错误理解，这会导致团队在海外市场竞争中做出糟糕的决策。当一个团队的成员都在过去取得了成功，却尚不具备在未来取得成功的技能，也会经历类似的失败。比如说，一个在社交媒体大行其道之前业已取得成功的营销团队，可能缺少利用新技术的能力。在这种情况下，因为技术和市场的变化——这些变化要求新的思维和新的技能，团队能力不足的问题出现了。

失败团队的另一个共同特点是没有明确的优先事项。这些团队通常会从少数关键的优先事项上分心，而这些事对它们的成功至关重要。它们经常试图完成太多的重要事项，没有有效地对其进行排序。而很多平常和行政性问题会分散它们的注意力，使它们无法在需要它们集中注意力的重要领域投入全部时间和精力。当团队专注于正确的优先事项，却没有给出衡量成功的明确标准，或未能明示为了成功所要完成的工作时，也会造成类似的失败。新团队的领导者也会希望了解团队在工作中所采取的举措。失败的团队往往需要很长时间才能做出决策，或以错误的方式做出决策（比如，不考虑有关数据，不寻求一系列必要的备选方案，由少数人主导团队的决策等）。在这些团队中很难出现冲突，它们也无法很好地处理冲突。有些团队不喜欢成员之间激烈的讨论，极力避免就团队成员之间相互冲突的观点进行讨论。那些不被讨论的问题可能包括团队需要处理的最重要的问题（比如，制定战略来应对新的竞争对手，关键计划遭遇挫折的原因等）。

最后一步，要切实采取举措，并了解其对团队文化的影响。 这是在带领团队走出困境的过程中最具挑战性的一方面，因为现有文化很难被改变。 很多领导者知道他们想要什么样的团队文化，却没有制定具体的计划进行改变。 比如说，如果你想要自己的员工更加适应于团队内的冲突，但是如果不采取切实的行动（如对员工处理冲突的方式进行培训，制定完善的措施鼓励团队内部出现不同的意见，对能够很好地带来和处理冲突的员工进行奖励，敲打那些回避冲突或习惯于轻易让步的员工）使之成为现实，那么你的想法将不会产生多少影响。 想要带领团队"扭转乾坤"的领导者必须大胆地改变团队的思维和行动。 他们可能会在团队内部提拔更多低级别员工。 这些人拥有一些领导者希望从其他员工身上看到的特点——比如企业家思维。 又或者说，在需要推动团队和业务发展时，他们可能比别人更愿意对领导者和其他团队成员提出质疑。 于是，这些人代表了一种更加开放的风格，而这正是团队领导者对所有团队成员的期望。

创建一个新的团队或是带领一个陷入困境的团队扭转乾坤是大多数领导者在其职业生涯的某个阶段所面临的挑战。这两种情况都凸显了团队领导者打造优秀团队以取得好成绩的重要性。 在商业界，很少有其他概念像"团队合作"一词那样受到如此多的追捧，同时也遭到如此多的扭曲。[14]公司及其领导者会不假思索地谈论合作的好处。但是很多公司无法为团队提供成功所需的支持。有时候，这要归咎于公司对团队成功所必需具备的条件缺少足够的了解（比如适当的目标和适当的员工）。对于本书中所提到的公司的领导者们，值得注意的一点是，就团队行为而言，他们没有高深的心理学和社会学知识。他们对自己所期望的企业文化和团队中需要什么（以及不需要什么）有明确的认识，他们在尝试新事物时相信自己的直觉，用约翰·麦基的话说，他们总能把事情做好。

在大多数情况下，问题并不在于缺少知识，而是在于不愿意放弃控制。随着公司的发展，它们制定了相关流程来使公司标准化，并以此监控日益复杂的公司。要协调分布在多个团体和多个地区的员工的工作，并不容易。大多数情况下，解决这个问题的方式是建立正式的机制对公司内的事务进行控制。在团队经历了各种失误和威胁后，领导者试图克服障碍并防止未来出现问题，公司更可能采取这样的应对方式。爱彼迎最初遇到安全问题时还没有建立正式的应对流程。如果你是一名房东，你会希望爱彼迎具有最完善的流程来处理你所遭遇的问题。爱彼迎并不"孤单"。巴塔哥尼亚公司也没有正式的流程来培训经理如何管理门店内的团队。皮克斯则没有保证员工不会因为过度工作而遭遇重复性压力损伤的流程。如果处理得当，流程是必要的，也会给客户、员工和公司带来帮助。[15] 但是，良好的意愿可能会带来消极的后果。公司所制定的流程可能导致僵化的官僚主义，从而抵制变革。按照定义，公司所创建的流程是固定化的，而且不能适应变化的环境。

　　如果一个公司希望得到极限团队所带来的好处，那么它就需要给予这些团队应对挑战所需的自主权。如果公司的流程限制了团队的能动性，极限团队所能带来的好处也会受到限制。虽然如此，赋予团队自主权并不是没有风险的，因为一个强大的团队会不可避免地挑战公司内部正式或非正式的管理体系。结果就是，很多公司口头上说希望拥有强大的团队，但是在实际中并非如此。它们需要的是高效而顺从的团队，后者不会对既有的公司惯例和流程等构成威胁。这并不是建议公司允许团队不计后果任意妄为，也不是说公司不需要分级控制和必要的流程。事实上，强大的团队——就算它们十分成功——也会给公司制造难题。

　　团队领导者也会视团队为威胁，这是团队可能带来的一个问题。团队的运转常常要以权力为基础。权力会限制团队的成员表达自己的观点，因为他们不想被团队领导者以及其他手握大权的团队成员疏远。许多文章已经对这一点着墨甚多。然而，同样重要却鲜有讨论的是，团队也会威胁其领导者的权力地位。有的领导者会以一种矛盾的态度看待自己的团队。[16] 团队会抛弃其领导者。团队也会向更高层的领导"告状"。它们还会同自己的领导者形成竞争——有些团队成员会认为他们应该领导这个团队。一些寻求自保的团队领导者会为了限制自己的团队所产生的威胁而破坏这个团队。不论资历深浅，为了追逐权力，人们都会与同事竞争，甚至中伤他们。如果能够提升自己在公司中的地位，有的人会破坏其他团队。而我想在这里强调的一点是，团队领导者有时会为了巩固自己在公司里的位置而伤害自己的团队。团队中最有才能的人可能会被领导者视为威胁，尤其是如果团队中的其他成员更愿意追随这个人，或是团队中的成员相信现在的领导者应该被团队中的其他人替换。团队的领导者会产生损害团队的意愿，这一点与常理相悖，因为团队的失败对渴望拥有权力的人来说，会是一个污点。但是，有的团队领导者确实会希望在避免失败的同时保证自己的权力地位。

社会心理学家查林·蔡斯（Charleen Chase）和乔恩·马纳（Jon Maner）近期所进行的研究解释了这种现象是如何发生的。[17] 研究人员设计了一份问卷来识别那些拥有权力欲望的人。他们用这份问卷来评估参与者对权力的积极性。他们将参与者置于不同的实验条件之下：让参与者相信，自己的权力未受威胁，或受到了潜在的威胁。调查人员为这些人布置了一个任务，他们需要根据员工的技术和合作能力，将他们招揽到特定的团队中，以此创建高效的团队，表现好的团队会得到奖励。

研究发现，权力欲强的领导者有时在其权力地位受到威胁时，会破坏自己的团队，打压团队中最有才能的成员，以此巩固自己的权力。在其中一个案例中，权力欲十足的领导者将团队中最具才华的成员同其他人隔离开来（让他单独完成一项任务）。而在另一个案例中，领导者限制了团队成员之间的交流。而他们明白，团队成员的互动及合作能够提升团队的成绩。参与该研究的其中一名研究人员写道："团队的领导者愿意为了自己的权力而破坏团队，这让我感到震惊。"[18] 当然，不是所有的领导者都以这种马基雅维利主义的作风行事——那些权力欲并不特别强烈的人没有做出破坏团队的行为。另外，在权力地位相对安全时，这种破坏行为也并不明显。但是，公司里的实际情况是，那些权力欲旺盛的人才能在公司里向上爬升，为争取和维持其地位而斗争。于是，有时这些人会将保护自己的权力置于团队的成功之上。

如果设计和管理得当，团队能够带来其他公司难以复制的明显优势。因此，团队是十分讨人喜欢的。但是优秀的团队比我们所想象的要更少，因为这会带来高昂的代价——公司和团队领导者需要放弃他们的控制。很多公司及其领导者不愿意冒险尝试没有做过的事。很多公司不愿承受给予团队自行运作的自由所带来的忧虑和不确定性。而另一方面，团队中的一些成员也不愿意拥有权力带来的责任。因此，我们发现，公司所有层级的员工都支持"团队"这一理念，但是他们缺少使团队有效运行的责任性和创造力。[19]

几乎所有的伟大成就，都是团队集体协作追求远大目标的结果。[20] 这些团队的领导者挑选了团队的成员，并激励他们追求自己不敢想象的成就。这些领导者当得起成功后的赞美。然而，正是团队落实了领导者的想法，虽然其成员不为外界所知。重要的是团队，而不是个人。最好的团队还会带来另一种同样重要的好处。它们满足了大多数人的内在需要——同别人协作实现更大的成就。我有一位朋友，他父亲的故事证明了这一点。这位老人曾作为轰炸机机组成员参与二战，多次在德国执行任务打击纳粹。在他 90 多岁时，我曾经拜访过他。我们坐着聊天时，我注意到墙上的一张黑白老照片。照片里，一队年轻人站在一架飞机前。他曾在 70 多年前与这些人一同服役。其他十名伙伴都因为战争或年迈而去世。我向朋友的父亲问起了这张照片，他告诉我："我每天都会看着这张照片，大声喊出每个人的名字。"我讲这个故事并不是要美化战争，也不是要把在公司的团队中工作与命悬一线地投入战斗相类比。我只是想说明，在从事高风险的事业，或追求更高尚，甚至具有英雄主义的目标时，人们总是希望与他人团结在一起，这是一种深层次的人性需求。而极限团队能够提供这样的机会。

注 释

◆ 1 · Alfred North Whitehead wrote, "Without adventure, civilization is in full decay."

◆ 2 · Ed Catmull at Pixar. Brian Chesky at Airbnb. Yvon Chouinard at Patagonia. Reed Hastings at Netflix. Tony Hsieh at Zappos. Jack Ma at Alibaba. John Mackey at Whole Foods. Note that these founders had at least one partner in the creation of their companies.

◆ 3 · In the movie Whiplash, the protagonist yells at his most promising student, "There are no two words in the English language more harmful than 'good job.' "

◆ 4 · See Richard Pascale, Mark Millemann, and Linda Gioja, Surfing the Edge of Chaos: The Laws of Nature and The New Laws of Business (New York: Crown Business, 2001).

◆ 5 · "Staying One Step Ahead at Pixar: An Interview with Ed Catmull," McKinsey Quarterly, March 2016.

◆ 6 · See Wendy K. Smith, Marianne W. Lewis, and Michael L. Tushman, " 'Both/ And' Leadership," Harvard Business Review May (2016). The authors examine what they describe as the paradoxes of effective leadership, which stand in contrast to an "either/or" approach.

◆ 7 · Very strong on results or relationships meant that a leader was in the top quartile of ratings provided by over 60,000 employees. See John H. Zenger and Joseph R. Folkman, The Extraordinary Leader (New York: McGraw Hill, 2009), 144.

◆ 8 · One way of understanding the complications of managing results and relationships is to look at the expectations that each creates in a team, organization, or even with customers. Research indicates that leaders and groups that emphasize the importance of results and relationships are judged more harshly when they fall short of the expectations they have created in these areas. A study by Pankaj Aggarwal, for example, indicates that people who view a company as being "personal and warm" in its interactions with them are harsher in their judgments when those firms act in a manner that they believe is driven by financial results. In essence, these firms suffer because they create an expectation ("we care about you") that is then violated ("we care about profits"). In a similar manner, we can see how firms or teams that emphasize a results orientation are viewed more harshly when they retain or promote people whose performance is substandard. In essence, people in these situations see the firm or its leaders as being hypocritical. For the study noted above that looked at this dynamic in terms of customer perceptions, see Pankaj Aggarwal, "The Effects of Brand Relationship Norms on Consumer Attitudes and Behavior," Journal of Consumer Research 31 (2004).

◆ 9 · This table builds directly on the ideas of Amy Edmondson in her wellrespected work on psychological safety. In particular, she presents a similar table to the one presented here. In it, Edmondson describes different team cultures, or what she calls zones. She has "ambitious goals" on one axis of her table and "psychological safety" on another. She then describes four types of teams: Learning Teams, Anxious Teams, Comfortable Teams, and Apathetic Teams. See "Competitive Imperative of Learning," Harvard Business Review, July–August (2008).

◆ 10 · Richard Hackman argues that the common perception that teams, over time, become complacent is not supported by the research findings (with only one exception, which involves R&D teams). My point is not to suggest a trend toward increased complacency; my point is that teams differ considerably in the degree to which they value results orrelationships. See Diane Coutu, "Why Teams Don't Work," Harvard Business Review May (2009).

◆ 11 · A study by the consulting group McKinsey asked senior managers about the most important factors in managing their transitions into new roles. Of the 1,200 people polled, 87 percent indicated that it was very or extremely important to "create a shared vision and alignment around strategic direction across the organization" (the highest rated item in the survey). See "Ascending to the C-Suite," McKinsey Quarterly, April 2015.

◆ 12 · Ed Schein is the go-to authority on corporate culture. See Organizational Culture and Leadership (San Francisco: Jossey-Bass, 2010).

◆ 13 · See Jesse Sostrin, "Follow the Contradictions," Strategy and Business, June 6, 2016.

◆ 14 · Paul Graham, venture capitalist, suggests that most startup firms that fail are not cases of homicide but suicide. His observation applies to many teams as well.

◆ 15 · See the following, which focuses on cross-functional teams but makes the point regarding underperforming teams: Behnam Tabrizi, "75% of Cross-Functional Teams Are Dysfunctional," Harvard Business Review, June 23, 2015.

◆ 16 · Processes and rules also exist to protect employees. For instance, firms need to protect their employees from harassment by supervisors and coworkers. Policies are put into place to delineate what constitutes harassment and the procedures employees can follow to report, and if possible prevent, such behavior.

◆ 17 · Richard Hackman notes that the use of a leader's authority to set a team direction "inevitably arouses angst and ambivalence—for the person exercising it and the people on the receiving end." My point is more general in saying that power issues influence a wide range of team behaviors, with the focus here on teams being viewed as a threat by some leaders. See Hackman, "Why Teams Don't Work," Harvard Business Review May (2009).

◆18·Charleen R. Chase and Jon Maner, "Divide and Conquer: When and Why Leaders Undermine the Cohesive Fabric of Their Group," Journal of Personality and Social Psychology 107 (2014), 1033‑55.

◆ 19 · Kellogg Insight, "Why Bad Bosses Sabotage Their Teams," Kellogg School of Management, January 5, 2015, insight.kellogg.northwestern.edu/article/why-bad-bosses-sabotage-their-teams.

◆20 · Jeff Bezos noted about innovation in product ideas, " To invent you have to experiment, and if you know in advance that it's going to work, it's not an experiment Most large organizations embrace the idea of invention, but are not willing to suffer the string of failed experiments necessary to get there." His insight applies to organizational innovation as well, including new team designs. Amazon SEC Filing;Form 8-K. 4/5/2016.

◆ 21 · Intellectual breakthroughs, our course, are the result in some cases of individuals working alone. But when putting ideas into action, teams are almost always involved.

致 谢

很多研究团队的人希望能够解释为什么一些团队运作良好，而另一些却失败了。J·理查德·哈克曼就是其中最知名的一位。他花了将近 5 年时间对团队进行观察和写作。哈克曼是我研究生时的指导老师，事实证明，他是一位睿智而奇特的导师。

《危机环境下的领导力》（*Leading at the Edge*）一书的作者丹尼斯·N. T. 珀金斯（Denis N. T. Perkins）则颇具启发性地强调了富有企业家精神的领导者在创建伟大团队和公司中的重要性。罗伯特·弗里德·贝尔斯（Robert Freed Bales）在其开创性的著作中研究了他所谓的团队中的"任务导向"与社会性情绪行为。我在书中所写的团队成绩与关系之间的相互影响，正是受他的影响。

其他人——当面或通过其著作——也为我提供了有帮助的见解，这些人包括《团队中的矛盾》（*Paradoxes of Group Life*）的作者戴维·贝格（David Berg）、《团队建设》（*Teaming*）一书作者艾米·埃德蒙森、《团队的智慧》（*The Wisdom of Teams*）作者乔恩·卡岑巴赫（Jon Katzenbach）和《高阶领导团队》的作者露丝·韦格曼（Ruth Wageman）。巴里·约翰逊（Barry Johnson）慷慨地与我分享了他的看法。

我曾作为咨询师为创建优秀的公司而工作，我要特别感谢那时的客户和同事。因为他们，我获得了与不同团队及其领导者一道完成重要工作的亲身经验。而在美国管理协会（AMACOM）同斯蒂芬·S.鲍尔（Stephen S. Power）及其团队一起工作的经历也让我受益匪浅。在写作的过程中，斯蒂芬也为我提供了意见。

最后，我要感谢我的女儿加布里埃尔（Gabrielle）和我的兄弟约翰给予我的支持。